LA

PAIX D'AMIENS

ET LA

POLITIQUE GÉNÉRALE DE NAPOLÉON IER

PAR

MARTIN PHILIPPSON

Extrait de la *Revue historique*,
Tome LXXVI, année 1901.
(Les tirages à part ne peuvent être mis en vente.)

PARIS
1901

LA PAIX D'AMIENS

ET LA

POLITIQUE GÉNÉRALE DE NAPOLÉON IER

Quel jugement faut-il porter sur le caractère et sur la politique de Napoléon Ier? Cette question ne préoccupe pas moins les historiens de l'Allemagne que ceux de la France. L'intérêt en est facile à comprendre. Le grand conquérant n'a-t-il pas exercé sur l'évolution politique et sociale de l'Allemagne une influence décisive, peut-être plus considérable encore que sur la France elle-même? Les victoires de Napoléon ont détruit définitivement l'édifice suranné et branlant du vieil empire germanique; elles ont permis, de cette façon, de créer des institutions plus modernes et plus efficaces; elles ont renversé la féodalité et affranchi les paysans, soumis alors à la servitude dans tant de pays germaniques, et ont éveillé, par une réaction naturelle, le sentiment national dans toutes les parties de l'Allemagne. Aussi voyons-nous l'historiographie allemande s'efforcer à rendre justice au grand empereur qui, sans le vouloir, a fait à l'Allemagne plus de bien que de mal; le mal, du moins, fut passager, le bien, durable. Les blessures qu'il avait infligées à ce pays saignaient encore, et l'enthousiasme que la guerre de la délivrance avait excité n'était pas encore refroidi, lorsque le célèbre historien Schlosser s'efforça d'établir une opinion juste et équitable sur les tendances et la carrière de Napoléon dans une série d'articles qui, encore aujourd'hui, méritent d'être étudiés soigneusement[1]. Un demi-siècle plus tard, Léopold Ranke, avec son impartialité habituelle, a entrepris de défendre la mémoire de l'empereur contre les attaques passionnées de Lanfrey. Dans une réponse restée, il est

1. *Napoleon und seine neuesten Tadler und Lobredner. Archiv für Geschichte und Litteratur.* Vol. IV, V et VI. Francfort, 1832-1835.

vrai, à l'état de manuscrit et publiée seulement après sa mort, à un article critique dirigé par Max Duncker contre sa biographie de Hardenberg, le grand chef de l'école *objective* essaya de réfuter le reproche que l'on élevait contre les projets démesurés de Napoléon, contre ses conquêtes et ses guerres continuelles. Comme l'avaient fait bien avant lui les Bignon, les Thibeaudeau, les Maret, il montra que les rapports de l'empereur avec l'Angleterre avaient dominé toute sa politique extérieure. Cette manière de voir a été reprise récemment et développée davantage par Max Lenz[1]. Napoléon, dit le professeur de Berlin, était forcé de recommencer et de continuer la lutte tant de fois séculaire de la France contre sa rivale d'outre-Manche. Comme il fut prouvé par les événements que l'Angleterre était invulnérable militairement, il ne pouvait se contenter de la neutralité de l'Europe et il fut obligé d'unir le continent tout entier sous sa propre direction pour combattre les Anglais avec quelques chances de succès sur le terrain commercial et industriel. D'après M. Lenz, les violences et les guerres ont été imposées à l'empereur par la force des choses.

Un jeune historien de l'école de Berlin, M. Gustave Roloff, va encore plus loin. Dans son ouvrage, d'ailleurs fort instructif, sur la politique coloniale de Napoléon Ier, ainsi que dans son livre populaire sur cet empereur[2], il développe la thèse que Bonaparte était obligé de maintenir la prépondérance de la France en Europe, et que, l'Angleterre ne voulant pas la lui concéder, il se voyait forcé de combattre ce pays. Cette lutte l'aurait obligé à incorporer, directement ou indirectement, toute l'Europe à la France par la force et par la ruse ; même l'insigne fourberie pratiquée contre les Bourbons d'Espagne aurait été justifiée par le fait que cette dynastie ne montrait pas assez d'énergie dans sa conduite vis-à-vis de l'Angleterre[3]. L'empereur, dit M. Roloff à une autre occasion (*Kolonialpolitik*, p. 188 et suiv.), ne désirait pas, en 1806, une nouvelle guerre sur le continent, mais il voulait avoir la Sicile, et, puisque la Russie ne voulait pas la lui laisser, il dut combattre le tsar ; pour pouvoir arriver jusqu'aux possessions de ce prince, il fallait dominer l'Allemagne, et, la

1. Dans la revue *Cosmopolis*, t. IX (1898), p. 581 et suiv.

2. *Die Kolonialpolitik Napoleons I* (Munich et Leipzig, 1899). — *Napoléon I* (Berlin, 1900).

3. *Kolonialpolitik*, p. 201.

Prusse refusant de se soumettre à sa domination, il fut forcé de lui faire la guerre.

Amplifiée de cette manière, la théorie indiquée jadis par Ranke demande à être considérée et discutée soigneusement. Nous ne voudrions l'examiner ici que relativement à un épisode spécial et hautement caractéristique pour Napoléon Ier, c'est-à-dire quant à sa conduite lors de la paix d'Amiens et de la rupture de ce traité. En adoptant une idée émise par M. H. Ulmann[1], nous sommes d'avis que l'examen critique, fondé sur les sources mêmes de cette série d'événements, nous ouvrira une perspective lumineuse et instructive sur la politique générale du grand empereur.

Au commencement de l'année 1801, la Grande-Bretagne ne supportait qu'avec peine les charges d'une guerre que, depuis neuf ans, elle soutenait contre les forces immenses de la République française. Elle se trouvait écrasée par les impôts nécessités par cette lutte, impôts d'autant plus lourds que la récolte de l'année 1800 avait été très mauvaise, et que le prix du froment s'était élevé à 134 schellings et demi le *quarter*, tandis que le prix de la main-d'œuvre restait stationnaire et, par conséquent, perdait la moitié de sa valeur réelle. La dette nationale s'était augmentée, pendant la guerre, de 334 millions de livres sterling, dont les intérêts comportaient beaucoup plus que le gain tiré du développement de l'industrie et du commerce. L'assistance des pauvres exigeait des sommes bien plus considérables qu'antérieurement, en premier lieu parce que le nombre des vrais indigents s'était fortement accru, — jusqu'à quatorze pour cent de la population entière dans l'Angleterre proprement dite, — et ensuite parce que les paroisses se voyaient obligées d'employer une grande partie de leurs ressources pécuniaires pour suppléer à l'insuffisance des salaires. Malgré ces lourds sacrifices, la Grande-Bretagne ne put empêcher ses alliés de l'abandonner les uns après les autres, sous l'impression des victoires écrasantes remportées par les armées françaises. L'Autriche fit sa paix à Lunéville en février 1801, Naples en mars, le Portugal en septembre, et, en octobre, des préliminaires de paix furent signés entre la France

1. *Russisch-preussische Politik unter Alexander I und Friedrich Wilhelm III* (Leipzig, 1899), p. 52.

et la Sublime-Porte. Le nouvel autocrate de toutes les Russies, Alexandre Ier, éprouvait alors un enthousiasme juvénile pour le grand guerrier et suprême pacificateur qui se nommait Napoléon Bonaparte. Ainsi l'Angleterre se trouvait complètement isolée. A quoi la continuation de la guerre aurait-elle pu lui servir? Après s'être emparés des principales colonies de la France et de ses alliés, l'Espagne et la Hollande, les Anglais ne pouvaient plus espérer que d'exclure les Français de l'Égypte, résultat que l'on était en droit d'attendre aussi bien des négociations de paix, vu la situation précaire des troupes françaises dans la vallée du Nil. Au contraire, on croyait obtenir par la paix le rétablissement du commerce, entravé par la guerre, avec le continent européen tout entier. « Notre commerce, » écrivait en mars 1801 lord Minto, ambassadeur d'Angleterre à Vienne, « va pénétrer jusqu'en France même et fleurir à Paris[1]. » On espérait également une économie d'au moins dix millions de livres sterling par an dans le budget de l'État. Ainsi, tout le monde en Angleterre, à l'exception de quelques grands propriétaires ou grands spéculateurs, demandait-il avec instance la conclusion d'une paix avec la France[2].

Le gouvernement britannique, présidé alors par Pitt, avait déjà désiré prendre part aux négociations de Lunéville. Son projet avait échoué parce que le premier consul avait exigé qu'un armistice fût immédiatement conclu pour permettre à la France d'envoyer des renforts et des provisions à son armée d'Égypte[3]. Cependant, au fond, le premier consul ne souhaitait pas moins ardemment la paix, qui répondait alors à ses intentions; il aurait voulu assurer à l'intérieur et rendre populaire son nouveau gouvernement et le faire partout reconnaître à l'étranger, en satisfaisant le vœu universel d'une paix générale. Depuis longtemps, il entretenait à Londres un agent de confiance, M. Otto, sous le prétexte de travailler à l'échange des prisonniers de guerre, en réalité afin d'y avoir sous main un habile diplomate pour nouer des négociations de paix. L'attentat de la machine

1. *Life and letters of the first Earl of Minto*, t. III (Londres, 1874), p. 209.

2. Voy. le mémoire de lord Castlereagh, en 1803, *Letters and despatches of Viscount Castlereagh*, vol. V (Londres, 1851), p. 62 et suiv.

3. Des documents nouveaux sur cet essai de négociations, de décembre 1800 jusqu'à avril 1801, ont été publiés dans l'étude très méritoire de M. H.-M. Bowman, *Preliminary stages of the peace of Amiens* (Toronto, 1900), p. 76 et suiv.

infernale, en décembre 1800, auquel des émigrés français, résidant en Angleterre, avaient pris part, lui fournit une nouvelle occasion de se mettre en rapport avec le gouvernement de Londres, en avril 1801[1]. Il trouva un écho complaisant auprès du nouveau cabinet britannique, formé par Addington après la retraite de Pitt, en mars 1801. Son ministre des Affaires étrangères, lord Hawkesbury, était d'avis d'entamer incessamment des négociations. Bonaparte sut renforcer cette tendance en Angleterre, en organisant avec beaucoup de fracas des préparatifs d'invasion des Iles britanniques à Ostende, à Dunkerque, à Boulogne, et ces mesures paraissaient d'autant plus menaçantes que les tentatives de Nelson pour détruire les flottilles françaises échouèrent complètement. D'autre part, les avantages remportés par les Anglais en Égypte, la conduite fort équivoque des Espagnols dans la campagne de Portugal et l'assassinat de son allié le tsar Paul ne pouvaient qu'engager Bonaparte à la paix. En juin 1801, on commença donc à Londres des négociations sérieuses, conduites par Otto et par lord Hawkesbury. Elles amenèrent, le 1er octobre 1801, la conclusion de préliminaires, dont voici les conditions principales : « La Grande-Bretagne devait rendre toutes ses conquêtes, à l'exception de Ceylan, qui avait appartenu à la Hollande, et de l'Antille espagnole de Trinidad ; la France, évacuer le royaume de Naples et l'État pontifical. L'Égypte devait être abandonnée par les troupes, tant françaises qu'anglaises, et remise entre les mains de son souverain légitime, le sultan. »

Le peuple anglais salua la signature des préliminaires avec une joie délirante, qui prouve la sincérité de ses tendances pacifiques. Elle est d'autant plus méritoire que les conditions des préliminaires étaient très défavorables à la Grande-Bretagne. Elles n'imposaient à la France que l'évacuation de l'Égypte, déjà perdue pour la République, ainsi que de l'Italie centrale et méridionale, dont les traités antérieurs ne lui avaient permis l'occupation que jusqu'à la paix avec l'Angleterre. Par conséquent, les concessions de la France étaient quasi nulles. Elle gardait toutes ses autres conquêtes faites pendant les dernières guerres : la Belgique, la rive gauche du Rhin, Nice, la Savoie et le Piémont. Elle pouvait continuer à peser de toute sa puissance sur

1. *Correspondance de Napoléon Ier*, nos 5523, 5524.

la Hollande, sur l'empire germanique et sur l'Italie supérieure. L'Angleterre avait abandonné tous ses alliés, les Hollandais avec leur stadhouder de la maison d'Orange, aussi bien que le roi de Sardaigne. Et, pourtant, ce dernier prince était déjà clairement destiné à devenir une victime de la violence du premier consul. Le 13 avril 1801, Bonaparte avait ordonné d'organiser le Piémont en division militaire et en six départements administratifs, selon le modèle français, et le général Jourdan, qui y commandait, avait exécuté ce décret dès le 19 avril. Malgré le caractère provisoire que Bonaparte s'efforçait de donner ostensiblement à cette mesure, elle devait être considérée comme un premier pas vers l'annexion complète de ce pays italien à la République française[1]. Un sort semblable attendait sans doute le territoire de Gênes, changé en République ligurienne. Elle aussi devint une division militaire sous un général de division et deux généraux de brigade, tous français[2]. Toute l'Europe de l'ouest, du sud et du centre était livrée à la France.

L'Angleterre, au contraire, ne tirait pas d'autre profit de sa longue lutte pleine de dangers et de sacrifices que la possession de Ceylan et de la Trinidad. Elle abandonnait la cause non seulement de la monarchie française pour laquelle elle avait pris les armes, mais encore celle des émigrés français, ses alliés et ses serviteurs les plus fidèles. Et ce qui était plus grave même que ce sacrifice de son honneur, c'est que les préliminaires ne disaient mot des futures relations commerciales entre la Grande-Bretagne, d'un côté, la France et ses nombreux vassaux, de l'autre. Il était facile de prévoir que le premier consul se servirait de ce fait pour exclure le commerce et les produits britanniques de toutes les parties du continent soumises directement ou indirectement à son influence. La France et ses alliés rentraient en possession de leurs riches colonies et pouvaient se livrer de nouveau au trafic maritime; leurs manufactures pouvaient prendre un grand essor sous la protection du système prohibitif vis-à-vis de l'Angleterre, à l'immense dommage de l'industrie anglaise. La guerre maritime, pendant laquelle la Grande-Bretagne avait supprimé le pavillon non seulement ennemi, mais encore neutre, lui avait

1. *Corresp.*, n°s 5526, 5528. — Armand Lefebvre, *Histoire des cabinets de l'Europe pendant le Consulat et l'Empire*, t. I (Paris, 1845), p. 153.
2. *Corresp.*, n° 5538.

donné le monopole du commerce sur mer. Maintenant, c'en était fait. Des hommes d'État prudents et intelligents prédirent alors la ruine matérielle de l'Angleterre[1].

Les avertissements ne manquèrent donc pas au cabinet Addington. Même un de ces membres, lord Pelham, les exprima hautement à ses collègues. Mais ce ministère, composé de pures médiocrités, incertain entre les partisans absolus de la guerre, sous lord Grenville et Windham, les amis mécontents de Pitt et les défenseurs d'une alliance française, sous Fox, croyait ne pouvoir sauver son existence qu'en concluant la paix à tout prix. Après la ratification des préliminaires, il n'hésita pas à envoyer à Amiens un vieux général, lord Cornwallis, complètement ignorant dans le métier de diplomate, afin d'y négocier la paix définitive avec Joseph Bonaparte, frère aîné du premier consul. Il va sans dire que Joseph n'était que le porte-voix du premier consul, contre lequel ni Cornwallis ni lord Hawkesbury n'étaient de force à lutter.

Dès le premier moment, Napoléon montra clairement que les traités de paix de 1801 et la convention future avec l'Angleterre n'avaient pour lui d'autre signification que de lui assurer une forte base pour étendre de nouveau sa puissance. Ayant désarmé l'Autriche pour plusieurs années, dirigeant les intérêts de cet État, ainsi que ceux de la Prusse, vers la lutte pour leurs indemnités territoriales en Allemagne, et excluant la Grande-Bretagne du continent européen, il voulait fortifier sa domination en Hollande et en Italie, soumettre entièrement la Suisse à son influence, étendre en Amérique l'empire colonial de la France, enfin reprendre pied en Orient. Tels étaient ses projets dès la conclusion des préliminaires de Londres, et il n'avait pas craint d'en réaliser déjà une grande partie durant les négociations d'Amiens. Un gouvernement britannique fort et intelligent n'aurait pas laissé passer ces mesures sans objections. On ne saurait, dans cette occasion, faire à Bonaparte le reproche d'avoir agi secrètement et en traître; au contraire, il dévoila sans crainte les buts de son ambition et de sa soif de domination. Il nous en est d'autant moins permis de les méconnaître aujourd'hui. Il aimait

1. Lettre de Cooke à Castlereagh, fin 1801 (*Letters and desp. of Castlereagh*, t. V, p. 25 et suiv.); cf. Bignon, *Histoire de France*, t. II (Paris, 1829), p. 76 et suiv.

mieux dès lors renoncer à la paix avec l'Angleterre et risquer une guerre nouvelle que de ne pas exécuter sur-le-champ, et sans hésitation, la partie la plus mûre de ses projets immenses. Si l'on ne peut comprendre ce fait, si l'on ne voit pas ce que nous touchons pourtant des doigts, c'est-à-dire que toute l'action politique de Napoléon tend vers l'extension continuelle et violente de sa domination sur l'Europe, on méconnaît les éléments essentiels de son caractère. Pas un instant il ne se laissa arrêter dans cette course prodigieuse par le te[illegible] ou par l'esprit des traités les plus solennels qu'il venait de signer.

Le onzième article du traité de Lunéville disait : « Les parties contractantes se garantissent mutuellement l'indépendance des républiques batave, helvétique, cisalpine et ligurienne, et la liberté aux peuples qui les habitent d'adopter telle forme de gouvernement qu'ils jugeront convenable. »

La République cisalpine, agrandie considérablement et décorée du nom d'*italienne*, vit son « indépendance » et sa « liberté de se donner une constitution » comprise de façon que toutes les deux furent livrées au bon plaisir de Bonaparte. Sa constitution fut tracée à Paris par le premier consul, avec l'aide de Talleyrand. Et plus encore : par suite des intrigues de Talleyrand et de l'influence exercée par lui sur les principaux politiciens cisalpins qui se trouvaient alors à Paris, le gouvernement provisoire de cette république déféra à Napoléon le droit de nommer tous ses magistrats et fonctionnaires. Prudemment, on laissa dans l'ombre la personne du futur président. Afin de démontrer avec ostentation la dépendance de la République italienne vis-à-vis de sa grande sœur française, on convoqua ses 425 notables à Lyon pour y constituer solennellement leur nouvel État en présence de Bonaparte (janvier 1802). On soumit à cette assemblée la constitution nouvelle, mais en lui signifiant que rien n'y pourrait plus être changé[1]. Aussi cavalièrement traités, les notables italiens montrèrent beaucoup de mauvaise humeur, et même leur comité de trente membres, soigneusement choisis pourtant dans le sens français, se refusa d'élire comme président Bonaparte et ne lui laissa

1. La véritable histoire de la consulte de Lyon, — fortement défigurée jusqu'à présent d'après les sources exclusivement napoléoniennes, — est racontée d'après la comparaison avec les documents de provenance italienne, par God. Koch, *Die Entstehung der italienischen Republik*, dans la *Histor. Zeitschr.*, vol. LXXXIV (1900), p. 193 et suiv.

le choix qu'entre deux Italiens, Melzi et Aldini. « Déférer la présidence au premier magistrat d'un peuple voisin, » dit un des témoins italiens de ces événements, le comte Bonacossi, « était à leurs yeux reconnaître la suzeraineté de l'autre peuple, et, *pour rien au monde, ils n'eussent proclamé la dépendance de l'Italie*[1]. » Mais, comme Napoléon avait la ferme intention d'occuper lui-même cette magistrature, il força les deux Italiens à se désister. En menaçant le comité de son courroux, il l'amena à le nommer président par vingt et une voix contre neuf. Ce résultat obtenu, il l'annonça à l'assemblée plénière des notables, le 26 janvier 1802, par un discours dont le ton brusque et orgueilleux, assaisonné de sorties violentes contre les défauts nationaux des Italiens, leur fit clairement comprendre la véritable valeur de leur indépendance. Ils subirent cette ignominie en silence; mais les applaudissements frénétiques qui saluèrent la nomination de Melzi comme vice-président montrèrent assez qu'ils l'avaient désiré pour leur magistrat suprême. Le premier consul imposa également à l'assemblée et la constitution et la liste des fonctionnaires et celle des corps électoraux, telles qu'il les avait fixées. S'il prétendait donner à sa présidence un caractère provisoire[2], ce n'était qu'une ruse pour la faire accepter plus facilement aux Italiens, éblouis et intimidés par le déploiement de grandes magnificences militaires. Encore tous ces stratagèmes n'avaient-ils réussi que parce qu'on avait surpris l'assemblée des notables à un moment où, sur plus de 400 membres, 200 à peine étaient réunis[3]. La « liberté » de leurs élections était aussi vraie que l' « indépendance » de leur République. Pour rendre leur asservissement encore plus évident, le ministre des Affaires étrangères d'Italie, Marescalchi, dut, ainsi que ses conseillers, se transporter à Paris, où il se trouva sous la direction immédiate de Bonaparte[4].

Même le brave Schlosser s'irrite des artifices par lesquels Napoléon, « si droit et si noble, quoique souvent violent, » avait obligé les Italiens à le nommer leur président contre leur volonté[5].

1. Lettre du comte Bonacossi, du 23 juillet 1830 (*Bourrienne et ses erreurs* (Paris, 1830), t. I, p. 299).
2. *Corresp.*, n° 5932; cf. *Ibid.*, n°s 5931, 5933, 5934.
3. Lettre du comte Bonacossi (*loc. cit.*, p. 300).
4. Décret du 27 janv. 1802 (*Corresp.*, n° 5938).
5. *Arch. f. Gesch. u. Litt.*, t. V, p. 130; cf. p. 118.

Seul, Thiers a le triste courage de glorifier ces faits, qui violaient à la fois le droit des gens et les traités, comme le système qui convenait uniquement aux Italiens[1].

A la même époque, la Toscane, cédée, à ce que l'on prétendait, par la France à l'Espagne, reçut le nom de royaume d'Étrurie et fut donnée à un infant espagnol, sous le nom duquel le général français Murat et l'envoyé français Clarke gouvernaient le pays. Ce même roi d'Étrurie céda l'île d'Elbe, que les Anglais avaient promis d'évacuer, à la France, qui, de cette sorte, acquit le havre important de Porto-Ferrajo. Le territoire de Parme resta à la disposition de la France. Nous avons déjà mentionné que celle-ci dominait la Ligurie. Et Bonaparte ne donnait nulle espérance aux Anglais qu'il accorderait le rétablissement du roi de Sardaigne ou même une indemnité pour ce prince, dont les possessions continentales étaient destinées à l'agrandissement de la France[2].

Ainsi, toute l'Italie supérieure et centrale était soumise, directement ou indirectement, au pouvoir du premier consul. De ces contrées, ses troupes connaissaient trop bien le chemin qui menait à Rome, à Naples et à Tarente pour ne pouvoir le retrouver au moment où cela lui plairait. Dès lors, le roi des Deux-Siciles et, d'une manière encore plus immédiate, le pape devenaient forcément les vassaux de Bonaparte. En faisant d'Alexandrie une forteresse de premier ordre, en plaçant ses demi-brigades à Gênes et dans la Romagne, en disposant de la Toscane, Napoléon exerçait une telle pression sur l'Italie méridionale que celle-ci n'était plus libre que de nom.

La République batave dut également subir et une constitution imposée par Bonaparte et l'occupation par ses soldats, qui vivaient aux frais du pays. Elle ne jouissait de l'indépendance promise par le traité de Lunéville ni à l'intérieur ni pour ses affaires étrangères.

Napoléon traitait la Suisse avec un peu plus de ménagement; nullement par fidélité envers les traités ou par estime pour la volonté populaire, mais parce que la Suisse se trouvait dans le voisinage immédiat de l'Autriche, et que ses populations étaient plus valeureuses que celles de l'Italie ou de la Hollande. Son but

1. T. III, p. 290 (éd. de Leipzig, 1845).
2. Entretien de Bonaparte avec lord Cornwallis, du 28 nov. 1801 (G. Pellew, *Life of Viscount Sidmouth* (Londres, 1847), t. II, p. 13).

était ici le même, quoiqu'il y travaillât avec plus de précaution et de ruse. Il prescrivit à son ministre à Berne, Verninac, de prendre le parti des révolutionnaires contre le gouvernement constitué, d'amener par tous les moyens la chute de ce gouvernement et de la constitution fédérale, de faire connaître à tout le monde que la France désapprouvait l'état de choses existant en Helvétie[1]. Ainsi, Verninac avait à préparer la guerre civile, dont le commencement donnerait le signal de l'intervention armée de la France. De Paris, Bonaparte ne cessait de travailler dans le même sens[2].

Le premier consul s'occupait donc, avec autant de persévérance que de violence, à étendre son pouvoir suprême sur les petits États qui environnaient la France. Il n'avait pas renoncé, d'ailleurs, à ses anciens projets sur l'Orient; au contraire, il cherchait à s'y introduire, à en déloger les Anglais. A cet effet, il conclut avec la Sublime Porte un traité définitif, très dommageable aux intérêts anglais, parce qu'il accordait aux Français les droits de la nation la plus favorisée. Cependant, les Anglais s'effrayèrent davantage encore du projet que laissait entrevoir Bonaparte de reconstituer un grand empire colonial français.

A peine les préliminaires de Londres signés, le premier consul prépara une puissante expédition navale destinée à rattacher intimement à la France la grande île de Saint-Domingue, qui jouissait d'une indépendance, sinon de droit, au moins de fait, sous la direction d'un nègre de génie, Toussaint-Louverture. L'Angleterre vit avec jalousie et avec des craintes sérieuses le départ d'une flotte française, forte de vingt-six vaisseaux de ligne et de vingt frégates et montée par plus de 20,000 soldats, avant même que la paix définitive eût été signée. Quelle garantie y avait-il que cette flotte n'était pas destinée à l'attaque d'une possession anglaise? Le gouvernement de Londres demanda donc que tous les vaisseaux français fussent désarmés, à l'exception de huit, et que toute l'expédition fût ajournée jusqu'après la signature du traité. Mais, lorsque Bonaparte eut donné quelques assurances dont les tendances pacifiques n'excluaient pas un ton très fier[3], le cabinet Addington, toujours désireux du calme, se laissa tranquilliser, et la grande expédition put quitter les ports

1. Bonaparte à Talleyrand, 30 nov. 1801 (*Corresp.*, n° 5883).
2. Lanfrey, *Histoire de Napoléon Ier*, t. II, p. 371 et suiv.
3. Bonaparte à Talleyrand, 13 nov. 1801 (*Corresp.*, n° 5863).

français, en décembre 1801, au grand chagrin de tous les patriotes de la Grande-Bretagne, qui craignaient pour leurs possessions des Indes occidentales.

Ces angoisses patriotiques furent considérablement augmentées par la nouvelle que la France, mettant à haut prix l'établissement d'un Bourbon, ce fantôme de roi, en Toscane, s'était fait céder par l'Espagne la Louisiane, comprenant alors tous les pays riverains du Mississipi. De même, elle venait de forcer le Portugal à lui céder sa part de la Guyane. L'image d'un vaste empire français, établi autour des côtes des golfes de Mexique et des Caraïbes et destiné à reprendre la grande lutte coloniale que l'on avait cru terminée depuis longtemps en faveur de la Grande-Bretagne, se leva terrible et menaçante devant les Anglais, fermement convaincus dès lors que la nature elle-même leur avait donné le monopole des possessions d'outre-mer[1].

L'effet de tous ces événements fut considérable en Angleterre, surtout dans la partie intelligente de la nation. On voyait la grandeur et la puissance de la France augmenter sans cesse, on la voyait menacer les possessions de l'Angleterre dans les deux Indes et combattre son commerce. On devinait en tout cela un système bien arrêté de la part du premier consul, système dont les effets iraient en grandissant dans l'avenir. C'est pourquoi l'on demandait que toutes les questions politiques encore douteuses fussent décidées complètement par la paix définitive. Si l'Angleterre ne pouvait obtenir ce résultat, disait-on, il vaudrait mieux renoncer à une paix qui ne pourrait devenir qu'une source de ruine politique et commerciale[2]. Bonaparte lui-même et ses confidents avaient cru que l'Angleterre ne supporterait pas de tels accroissements de puissance chez sa rivale, qu'elle considérerait les préliminaires comme annulés par ces événements et reprendrait les armes. Quant à renoncer aux avantages qu'ils lui procuraient, il aimait toutefois mieux recommencer la guerre[3].

1. Les projets de Napoléon, quant à la politique coloniale, ont été très bien exposés par M. Gust. Roloff, *Die Kolonialpolitik Napoleons I* (Munich et Leipzig, 1899).

2. Cooke à Castlereagh, fin 1801 (*Letters and desp. of Castlereagh*, t. V, p. 28).

3. Témoignage de Jackson, ministre d'Angleterre à Paris durant les négociations d'Amiens (Malmesbury, *Diaries and Correspondance*, t. IV. Londres, 1844, p. 72).

Cependant, le cabinet Addington n'osa point envisager une telle éventualité. Il sentait trop sa propre incapacité et la faiblesse de sa position politique pour risquer une nouvelle guerre, qui, sans doute, aurait remis le pouvoir dans des mains plus vigoureuses. Il préféra donc fermer les yeux systématiquement et employer les petits moyens pour remédier autant que possible à une situation périlleuse. Il ne voulait pas voir ce qui aurait dû amener la rupture des négociations s'il y avait pris garde. C'est ainsi que l'on passa sans discussion sur les questions extrêmement importantes des futurs rapports commerciaux entre les deux pays et des droits des neutres pendant les guerres maritimes. Afin de ne pas avoir à défendre le roi de Sardaigne, qui venait de perdre ses possessions continentales à cause de son alliance avec l'Angleterre, le gouvernement de Londres refusa d'admettre, aux négociations d'Amiens, un plénipotentiaire du roi Emmanuel IV, sous le prétexte que celui-ci aurait quitté cette alliance dès l'année 1797, et que, partant, il n'aurait plus de droit à l'assistance de Georges III[1]. Quant au traité franco-turc, Cornwallis et Hawkesbury firent semblant de se trouver satisfaits quand le premier consul assura que ce document ne contenait aucun article secret et reposait entièrement sur la base des préliminaires[2]. La Grande-Bretagne refusa, il est vrai, de reconnaître les nouvelles créations de Bonaparte en Italie : les républiques italienne et ligurienne ainsi que le royaume d'Étrurie. A cela, Napoléon répondit avec beaucoup de sang-froid que ne pas reconnaître trois États d'une telle importance aurait la double conséquence d'en exclure le commerce britannique et d'enlever à l'Angleterre tout droit d'intervenir en faveur des populations qui les habitaient[3]. Donc, au point de vue commercial et politique, l'Angleterre était exclue de l'Italie supérieure et centrale. Le cabinet Addington subit ce nouvel affront sans sourciller. Il se contenta de montrer une faible mesure d'énergie dans des questions secondaires. Il envoya quelques vaisseaux de guerre aux Antilles pour surveiller la flotte française de Saint-Domingue. Il prit doucement en main la cause de l'ancien stadhouder néerlandais, le prince d'Orange. En effet, la maison

1. Nicomede Bianchi, *Storia della monarchia piemontese*, t. III, p. 419.
2. *Corresp.*, n° 5962.
3. Bonaparte à Talleyrand, 19 févr. 1802 (*Corresp.*, n° 5965).

de Nassau perdait en Hollande un revenu privé de deux millions et demi de francs par an, et cela exclusivement par suite de sa fidélité envers l'Angleterre[1]. Il était donc juste que celle-ci exigeât pour cette famille un dédommagement que, en effet, le premier consul promit avec beaucoup d'emphase[2]. Mais, à la fin, l'Angleterre se contenta d'une promesse générale d'indemnité, qui figura au traité de paix comme article XVIII. Puis, lord Hawkesbury demanda des garanties suffisantes pour la future indépendance de l'île de Malte.

Cette île avait énormément gagné en importance depuis que les projets de Bonaparte sur l'Égypte s'étaient dévoilés. Située sur l'étroite limite qui sépare les parties occidentale et orientale de la Méditerranée, entourée de fortifications imprenables, elle était la clef de l'Égypte, qui, de son côté, était considérée comme le seuil de l'Inde orientale. On sait que, dans leur route vers l'Égypte, les Français avaient enlevé Malte à l'ordre décrépit de Saint-Jean, en juin 1798, et que les Anglais avaient mis deux ans à leur reprendre cette position dominante. Les préliminaires de Londres avaient imposé la restitution de l'île à l'ordre de Saint-Jean. Mais celui-ci offrait-il une garantie suffisante que, lors d'une nouvelle attaque de la part de la France, il la défendrait mieux qu'en 1798? Le fait que le suzerain de l'ordre, le pape, se trouvait sous la pression militaire et politique de la France, ne faisait-il pas supposer le contraire? L'Angleterre se sentait donc cruellement embarrassée et ne savait comment s'y prendre pour assurer contre la France l'indépendance de l'île et surtout de ses forteresses. On proposa d'en composer la garnison de troupes napolitaines. Mais on savait également bien que ces soldats étaient les plus lâches de l'Europe et que Naples était absolument soumise à la volonté du premier consul. L'expédient d'établir à Malte une garnison russe ne déplut pas moins à Bonaparte qu'aux Anglais, la politique russe étant une inconnue d'une grandeur incommensurable et pouvant, selon les circonstances, donner Malte soit à l'une, soit à l'autre des puissances rivales. Bonaparte proposa donc tout simplement de faire sauter les fortifications, afin de ne rendre à l'ordre de Malte qu'une possession dépourvue de valeur militaire. Mais le gouvernement anglais

1. *Annual Register for* 1802 (Londres, 1803), p. 132.
2. Pellew, t. II, p. 13, d'après les dépêches de Cornwallis.

objecta avec raison qu'une grande puissance pourrait rétablir en peu de temps ces fortifications créées par la nature même du sol. Après de longues négociations, on finit par tomber d'accord sur une série de conditions pour l'évacuation de l'île par les Anglais, — conditions qui semblaient donner au cabinet du roi Georges les garanties nécessaires, — et qui furent fixées ainsi par l'article x du traité définitif :

Dans trois mois, Malte doit être rendue à l'ordre comme possession indépendante, neutre et ouverte au commerce de toutes les nations. Les *langues* française et anglaise de l'ordre seront supprimées et les sujets anglais et français n'y seront plus reçus; en revanche, on créera une *langue* maltaise. L'ordre composera la garnison de Malte de mercenaires étrangers, et, au moins jusqu'à la moitié, d'indigènes de l'île. Jusqu'à la formation complète d'une telle troupe, 2,000 Napolitains occuperont les fortifications. Malte se trouvera sous la protection et la garantie non seulement de la France et de l'Angleterre, mais encore des quatre autres grandes puissances : la Russie, l'Autriche, la Prusse et l'Espagne.

Voilà les boulevards de papier par lesquels les deux États contractants croyaient mieux protéger l'indépendance de Malte que par ses bastions établis sur le roc.

Le 25 mars 1802, la paix fut signée à Amiens. Elle fut reçue avec grande satisfaction en France, où l'on n'avait pas espéré obtenir des conditions aussi avantageuses, et, si elle n'excitait pas en Angleterre la même joie que les préliminaires, elle y rencontra pourtant un assentiment résigné. On ne méconnaissait nullement les désavantages que ce traité apportait à la Grande-Bretagne, mais on désirait jouir de la paix et être débarrassé de l'impôt sur le revenu; on espérait enfin que le commerce britannique allait reprendre en France et dans les États qui lui étaient alliés[1].

Telle n'était pas l'opinion des hommes vraiment intelligents parmi les politiciens de l'Angleterre. Ils appréciaient pleinement la grandeur des inconvénients et des dangers de ce traité qui, au fond, n'avait évité aucun des défauts des préliminaires. Tandis que la Grande-Bretagne avait possédé, avant la guerre, des conventions commerciales fort avantageuses avec toute l'Europe

1. Pellew, t. II, p. 35; Thiers, t. III, p. 329.

occidentale et méridionale, elles n'étaient nullement remises en vigueur par les articles d'Amiens. Les privilèges du pavillon anglais sur mer n'y étaient pas mentionnés non plus, de même le monopole du commerce de la gomme en Afrique et des bois de teinture de la baie de Honduras. L'abandon de tous les alliés de l'Angleterre était maintenu, sauf l'intervention faible et incertaine en faveur de la maison de Nassau-Orange. Mais, au contraire, entre la signature des préliminaires et la conclusion de la paix définitive, une foule de circonstances s'étaient produites, qui avaient changé la situation générale au détriment de la Grande-Bretagne et qui pourtant n'avaient pas trouvé d'écho dans le traité d'Amiens. Dans ses conventions récentes avec la Turquie et avec le Portugal, la France avait considérablement avantagé ses intérêts commerciaux aux dépens des intérêts anglais, fait d'autant plus grave que la convention franco-portugaise était en contradiction flagrante avec le traité de Methuen, qui réglait les rapports entre l'Angleterre et le Portugal depuis un siècle. Bonaparte venait de soumettre l'Italie à sa domination et d'acquérir avec l'île d'Elbe une position qui commandait la mer Tyrrhénienne. Il allait fonder un nouvel empire colonial en Amérique. Au point de vue purement politique, l'Angleterre s'était laissé placer dans une position extrêmement défavorable en permettant que le traité de paix la remît à peu près au *statu quo ante bellum*, tandis que la France avait obtenu l'*uti possidetis*. Ces considérations suffisent pour faire du traité d'Amiens une défaite diplomatique très grave de la Grande-Bretagne. Mais, ce qui était pire encore, c'était la perspective menaçante qu'ouvraient, pour l'Europe et surtout pour l'Angleterre, les derniers actes de violence et les récentes surprises de Bonaparte. Comme sir Edward Cooke l'écrivait alors à Castlereagh[1], ils prouvaient que l'ambition du premier consul n'était jamais satisfaite et qu'il rouvrirait le combat contre l'Angleterre aussitôt après avoir réorganisé sa marine et celles de l'Espagne et de la Hollande.

Jamais, dans les temps modernes, un ministère anglais n'avait conclu de paix plus désavantageuse et plus dangereuse. Elle ne s'explique que par l'incapacité de ses membres et par la fai-

1. 6 avril 1802 (*Letters and desp. of Castlereagh*, t. V, p. 38 et suiv.; cf. *Annual Register for 1802*, p. 161 et suiv.).

blesse de sa position dans le pays et au parlement, où, à l'unanimité, on désignait la paix comme peu honorable et où même les amis du cabinet l'acceptaient seulement comme une triste nécessité[1]. Le roi Georges en parlait sur un ton plutôt d'apologie que d'approbation[2]. Elle était la conséquence de la crainte systématique que ce gouvernement avait de prendre une mesure décisive; il ne songeait, en effet, qu'à prolonger momentanément son existence et à tout prix. On sentait universellement que cette paix n'était au fond qu'un armistice ou une « expérience, » comme disait le roi Georges III, et que la guerre recommencerait avant peu[3]. La nation anglaise et la plupart de ses députés étaient d'avis de faire savoir à Paris qu'ils avaient tacitement admis, dans le traité, les nombreux empiètements du gouvernement français, mais que c'était l'extrême limite de leurs concessions et qu'ils étaient résolus à ne souffrir aucun nouvel accroissement du pouvoir de la France « ni aucune atteinte à la dignité, à l'honneur, à la sécurité ou à la véritable grandeur de leur pays[4]. »

Il dépendait évidemment du premier consul de fortifier la paix, malgré tout ce qui venait de se passer, et d'affermir la position du cabinet Addington, si dévoué à la cause de cette paix, en ayant égard aux justes exigences de l'opinion publique en Angleterre et aux intérêts commerciaux de ce pays. Les grandes concessions faites par l'Angleterre dans les préliminaires et dans le traité définitif lui donnaient précisément le droit et lui imposaient même l'obligation de maintenir à la lettre les mesures de précaution dont les articles convenus à Amiens

1. Thibaudeau, *Histoire de la France et de Napoléon Bonaparte*, t. II, p. 398 et suiv.

2. *Life of Earl Minto*, t. III, p. 228.

3. Cooke à Castlereagh (*loc. cit.*, p. 40). — *An experimental peace;* voy. Malmesbury, *Diaries and Correspondence*, t. IV (Londres, 1844), p. 63. — Schlosser, *Arch. f. Gesch. u. Litt.*, t. VI, p. 44.

4. Mémoire de Castlereagh, printemps 1802 (*Letters and desp.*, t. V, p. 29); lord Minto à lady Minto, 15 mai 1802 (*Life of Earl Minto*, t. III, p. 249). Les paroles en guillemets sont celles de Pitt adressées à Malmesbury le 9 avril 1802 (Malmesbury, *loc. cit.*, p. 65). Pitt expliquait ces termes en désignant les intérêts commerciaux et coloniaux de l'Angleterre, ses droits et ses possessions, ainsi que les droits et les possessions des autres États, comme par exemple l'indépendance de la Hollande ou de la république cisalpine, dont la violation provoquerait la résistance immédiate de l'Angleterre.

venaient de les entourer et de ne pas se soumettre à de nouvelles exigences de la part de la France[1]. Si Bonaparte reconnaissait la justesse de cette manière de voir, on pouvait s'attendre à une certaine durée de la paix. Le gouvernement anglais commença, en effet, par se montrer strictement fidèle au traité d'Amiens. Devant le parlement, il le défendit avec la plus grande fermeté et ne donna ni aux adversaires ni même à ses propres amis le moindre espoir de voir changés ceux des articles dont tout le monde se plaignait, — avec raison, si l'on se place au point de vue britannique. Le cabinet Addington maintenait tout le traité tel qu'il était sorti des négociations; ceux même de ses membres qui avaient été contraires à ces conventions les défendaient loyalement devant les chambres[2]. Et les faits répondaient aux paroles. Le gouvernement du roi Georges accorda aux citoyens français tous les droits dont les autres étrangers jouissaient sur le sol britannique et plaça leur commerce sur le même pied que celui de toutes les nations. Il rendit les colonies conquises aux Français et à leurs alliés dans des conditions avantageuses. Si l'Égypte semblait faire une exception, il prouva qu'il fallait s'en prendre au général qui y commandait en chef et il lui transmit l'ordre rigoureux d'évacuer le pays sans hésitation ultérieure[3]. Il poussa même son amour de la paix jusqu'à désarmer immédiatement après la conclusion du traité, malgré les justes soupçons que la conduite de Bonaparte aurait dû lui inspirer quant à ses agissements futurs.

La fidélité que le cabinet de Londres montrait envers les traités fut le plus méritoire en ce qui concerne l'île de Malte. Il venait d'avouer au parlement que renoncer à cette possession était seulement l'effet d'une triste nécessité, et que les moyens que l'on avait trouvés pour garantir l'indépendance de Malte n'étaient tolérables que parce qu'il n'y en avait pas de meilleurs.

1. Lettre de Guill. Pitt à son frère, lord Chatham, 28 févr. 1803 (Earl Stanhope, *Life of Will. Pitt.*, t. IV (Londres, 1862), p. 6).

2. Comparez les extraits détaillés des débats parlementaires à l'*Annual Register for* 1802.

3. Dépêche de lord Hawkesbury, 30 nov. 1802 (*Annual Register for* 1803, p. 677). — Il n'est donc point exact, ainsi que le prétend l'*Histoire générale* de MM. Lavisse et Rambaud (t. IX, p. 63), que le gouvernement anglais, dès la conclusion de la paix, ait été « bien déterminé à garder Malte et Alexandrie, Gorée, le Cap et les villes françaises de l'Inde. » Cette affirmation est démentie par les faits.

Malgré ces angoisses politiques, il remplit consciencieusement ses devoirs. Il permit que, contrairement à la lettre du traité d'Amiens qui attribuait l'élection du nouveau grand maître au chapitre général de l'ordre à Malte même, le petit nombre des chevaliers réunis à Saint-Pétersbourg choisît le grand maître, afin de ne pas ajourner cette élection. Il admit à Malte les troupes napolitaines, ainsi que le commissaire français, le général Vial. Il négocia avec zèle l'acceptation de la garantie par les quatre grandes puissances, tandis que la France montrait, dans cette occasion, une tiédeur et une lenteur qui ne laissaient pas que d'éveiller de multiples soupçons[1].

Malheureusement, la conduite du premier consul ne répondait nullement aux démarches amicales et prévenantes du gouvernement britannique.

Ayant largement ouvert aux Français les ports et les villes de commerce de son pays, ce gouvernement pria Bonaparte, immédiatement après la ratification du traité d'Amiens, de permettre aux sujets anglais le trafic avec les marchés de la France, de la Hollande et de l'Italie. Il ne cacha point que c'était seulement à cette condition que la paix qui venait d'être rétablie pourrait durer[2]. Ce fut donc en pleine connaissance de cause que le premier consul repoussa absolument cette demande. Au contraire, non seulement il interdit l'importation en France des denrées anglaises, mais il imposa aussi la même défense aux États soi-disant indépendants de l'Italie et à la République batave[3]. Et plus encore, en pleine paix, il renouvela une loi, publiée sur la proposition de Robespierre neuf ans auparavant, par conséquent en pleine guerre, et qui ordonnait de confisquer tous les navires au-dessous de cent tonnes qui porteraient des produits anglais et qui s'approcheraient de quatre lieues du territoire français. Cet ordre barbare fut exécuté contre l'Angleterre « amie » avec une dureté extrême. En janvier 1802, le navire anglais *Fame Packet*, forcé par la tempête d'entrer dans le port de Cherbourg, fut saisi et son capitaine mis en prison pour six mois. Après la signature de la paix, le bâtiment anglais *Jennies*, portant des charbons pour le port français de Tonnay-Charente et d'autres

1. Notes de Hawkesbury à Otto, 24 mai, et à Merry, 5 juin 1802, et réponse de Talleyrand du 20 prairial an X (*Annual Register for* 1803, p. 652 et suiv.).
2. Lefebvre, t. I, p. 264.
3. Bignon, t. III, p. 6.

marchandises pour l'Espagne, subit le même sort à Rochefort, sous prétexte de « marchandises prohibées. » Mais ce qui est encore plus fort, c'est que, en juillet 1802, le navire *Nancy*, chargé exclusivement de marchandises non britanniques, fut confisqué par des soldats français à Flessingue, port hollandais, où la bourrasque l'avait poussé. Le comble de cette conduite hostile et despotique fut le traitement infligé au bâtiment *Georges*, qui, en octobre 1802, entra à Tonnay-Charente sur son lest pour y charger des eaux-de-vie françaises. On mit l'embargo sur lui à cause des fourchettes, des cuillers et couteaux du capitaine qui, tous ensemble, ne valaient pas cent francs. Dans aucun de ces cas, les réclamations de l'envoyé anglais n'amenèrent le moindre résultat; elles échouèrent directement devant la volonté bien arrêtée du premier consul[1].

Les pires prédictions des pessimistes s'étaient ainsi réalisées, avaient même été dépassées. La paix avait rendu aux Français et à leurs alliés le commerce maritime et le trafic avec leurs colonies, et elle avait, de la sorte, créé une concurrence formidable aux Anglais, sans dédommager ceux-ci d'aucune façon. Immédiatement après Amiens, Bonaparte, sans la moindre provocation de la part des Anglais, rouvrit contre eux la guerre commerciale. Il proclama hautement que, partout où il dominait, la Grande-Bretagne ne pourrait vendre une livre de ses produits naturels ou industriels ou de ses denrées coloniales ni même montrer son pavillon, — la guerre à mort contre l'intérêt vital de l'Angleterre, — et ceci en pleine paix. On peut dire que, par cela même, Bonaparte, sciemment et intentionnellement, a rendu inévitable la reprise des armes entre les deux nations à peine pacifiées.

La haine que le chef du gouvernement français nourrissait contre tout ce qui était anglais éclata encore en actions directement contraires au droit des gens. Pendant la guerre, on avait saisi tout ce qui, en France, appartenait à des Anglais, même leurs parts de la rente française. Mais on ne le rendit point après la conclusion de la paix, malgré les réclamations réitérées de l'ambassadeur britannique, et quoiqu'on n'eût pas pour

1. *Annual Register for* 1803, p. 223 et suiv. — Vittorio Barzoni, *Motivi della rottura del trattato d'Amiens* (3e éd. Milan, 1815), p. 18. — Castlereagh, t. V, p. 66 et suiv. — Note de Talleyrand du 11 ventôse de l'an XI (Osc. Browning, *England and Napoleon in* 1803 (Londres, 1887), p. 97 et suiv.).

excuse même l'ombre d'un droit[1]. Bonaparte décréta alors, de par son autorité personnelle, qu'aucun sujet britannique ne pourrait posséder de biens-fonds en France, et que, s'ils lui étaient échus par héritage, ils seraient confisqués purement et simplement par l'État sans la moindre indemnité[2].

Des mesures si tyranniques et si offensantes excitèrent en Angleterre une grande colère et l'on commença à mettre en doute les intentions, non pas même amicales, mais seulement pacifiques, du premier consul. Cependant, ces événements n'auraient pas encore amené de si tôt la rupture, si des faits politiques n'étaient venus s'y ajouter qui menacèrent directement la sûreté et les possessions de la Grande-Bretagne.

Peu de mois après le traité d'Amiens, Bonaparte s'efforça de changer les rôles en élevant des plaintes amères contre l'Angleterre et en adressant à son gouvernement des réclamations assez aigres. Il se montra courroucé des attaques violentes dont lui et la France étaient les victimes de la part de la presse anglaise et surtout des journaux rédigés à Londres par des émigrés français. Il se plaignit également qu'on laissât résider en Angleterre des membres de l'ancienne maison royale de France et même des rebelles et des assassins notoires, tels que Georges et beaucoup d'autres chouans, et enfin des évêques royalistes comme ceux d'Arras et de Saint-Pol, qui ne travaillaient qu'à soulever les catholiques français contre le gouvernement républicain. Ces réclamations étaient justifiées jusqu'à un certain point; si les journaux rédigés par des sujets anglais étaient protégés par la liberté presque illimitée de la presse qui régnait dans ce pays et les rendait inaccessibles à l'action gouvernementale, le cabinet Addington aurait pu sévir contre les étrangers que l'*Alien bill* lui permettait d'expulser du sol britannique. D'ailleurs, le premier article du traité d'Amiens prescrivait à chacune des puissances contractantes de n'accorder ni protection ni assistance à ceux qui porteraient dommage à l'autre[3]. Mais les demandes formulées à cette occasion par le gouvernement français allaient décidément trop loin. Il exigeait que le cabinet britannique punît tous les journaux qui se montraient hostiles à la France;

1. Hawkesbury à Whitworth (ambassadeur d'Angleterre à Paris), 14, et Whitworth à Hawkesbury, 20 janv. 1803 (Browning, p. 47 et suiv.).
2. Décret du 7 janv. 1803 (*Corresp.*, n° 6528).
3. Cf. Thibaudeau, p. 74 et suiv.

qu'il chassât les émigrés des îles normandes; qu'il internât les évêques « rebelles » dans les provinces intérieures de l'Angleterre; qu'il déportât au Canada Georges et les chouans; qu'il envoyât les princes de la famille de Bourbon à Varsovie, résidence du comte de Provence; qu'il exilât tous les émigrés qui porteraient les décorations de l'ancien régime. Talleyrand fit observer à l'envoyé anglais Merry que l'exclusion des Bourbons et de leurs partisans de l'Angleterre était conforme aux demandes que cet État avait adressées à la France, pendant le siècle précédent, à cause des prétendants de la maison des Stuart[1].

C'était exiger du cabinet britannique des choses impossibles. La presse était placée en Angleterre sous la protection du droit commun; lord Hawkesbury répondit donc avec raison qu'il n'avait pas la moindre influence sur la grande majorité des journaux. Il ne pouvait pas non plus sacrifier, immédiatement après la conclusion de la paix, les émigrés et même les chouans, qui, jusqu'alors, avaient rendu à l'Angleterre des services considérables. Napoléon, dit même son fervent admirateur Bignon, aurait dû passer ces choses sous silence et seulement surveiller ses adversaires[2]. Le gouvernement anglais fit tout ce qui était en son pouvoir pour satisfaire aux réclamations de Bonaparte, sans éveiller un mécontentement dangereux dans son propre pays. Il répondit qu'il ne souhaitait nullement la présence ultérieure des princes, des émigrés et des porteurs d'anciennes décorations en Angleterre, mais qu'il ne pouvait violer envers eux les lois traditionnelles de l'hospitalité (28 août 1802). Il éloigna toutefois de Jersey les conjurateurs les plus dangereux. Il demanda à Paris la preuve des délits commis par les évêques d'Arras et de Saint-Pol pour pouvoir frapper ces prélats. Il promit « d'éloigner Georges et ses partisans des possessions européennes de Sa Majesté. » Après des avertissements réitérés, il retira à l'un des journaux les plus hostiles à Bonaparte, le *True Briton*, la subvention qu'il lui avait accordée jusqu'alors, et le président du

1. *Corresp.*, n° 6108. — Dépêches de Merry des 4 et 17 juin 1802 (*Annual Register for* 1803, p. 656, 658); Documents publiés par Lanfrey, t. II, p. 456 et suiv.; Thibaudeau, t. III, p. 68 et suiv. — Le port d'anciennes décorations semble avoir eu le don d'irriter Bonaparte tout particulièrement. Il adressa, à ce sujet, des réclamations à tous les États, ses vassaux, et même à Madrid et à Berlin, 17 nov. 1802 (*Corresp.*, n° 6429).

2. *Histoire de France*, t. III, p. 8 et suiv.

Conseil, Addington, se donna la plus grande peine du monde pour mettre un frein à l'action « pestilentielle » de la presse[1]. L'émigré Peltier, qui rédigeait un journal fort passionné, *l'Ambigu*, et dont la punition avait été tout particulièrement demandée par le ministre de France, Otto[2], fut traduit devant le jury, d'après la consultation de l'*attorney* général, et condamné par le tribunal. Il est vrai que, plus tard, la reprise de la guerre le délivra de l'obligation de purger sa peine.

Mais tout cela ne suffit pas au premier consul. Il fit, par Otto, présenter à Londres une note qui, sur un ton brusque et menaçant, contenait des demandes incompatibles avec la liberté constitutionnelle de l'Angleterre. Même le faible lord Hawkesbury retrouva quelque énergie devant une telle arrogance en blâmant sévèrement, dans sa réponse, le ton et le style de la note française et en repoussant avec indignation la prétention « qu'aucune demande de la part d'une puissance étrangère pût amener jamais le peuple et le gouvernement anglais à violer les droits sur lesquels les libertés de notre pays sont fondées. » Ainsi, les représentants d'une république se firent les champions de la répression, tandis que « les esclaves du tyran anglais » défendaient la cause de la liberté[3].

Les réclamations du gouvernement français semblèrent d'ailleurs prendre un caractère franchement frivole et sournois par le fait que, en ce même moment, il se permit, dans ses propres journaux, les attaques les plus violentes contre l'Angleterre. Sur l'ordre personnel du premier consul, aucune gazette anglaise, à l'exception d'une seule, officieuse, n'était admise en France[4]. Bonaparte lui-même veillait soigneusement à ce que les journaux anglais lus aux bureaux des Affaires étrangères à Paris n'en pussent jamais sortir pour tomber entre les mains des profanes[5]. Au contraire, dans la presse française, il souffrait toute sorte d'invectives contre la Grande-Bretagne, contre son gouvernement et contre son souverain. Or, on sait qu'en France aucun journal ne pouvait alors rien dire qui ne fût approuvé par le

1. Pellew, t. II, p. 155 et suiv.
2. Note du 25 juin 1802 et réponse de Hawkesbury du 28 (*Annual Register for* 1803, p. 659-660).
3. Documents des 17 et 28 août 1802 (*Annual Register for* 1803, p. 661-669).
4. *Corresp.*, n° 6246.
5. L. de Bretonne, *Lettres inédites de Napoléon Ier*, t. I (Paris, 1898), p. 20.

gouvernement, contraste frappant avec la liberté de la presse qui régnait en Angleterre. On voit facilement combien l'essence et l'importance de la polémique étaient changées par le caractère officieux du journalisme français. Et, plus encore, l'organe officiel du gouvernement consulaire, le *Moniteur* lui-même, prit très souvent la parole pour couvrir l'Angleterre d'injures sorties pour la plupart directement de la plume de Bonaparte; on y accablait de railleries et de mépris toutes les institutions de la Grande-Bretagne, son caractère national et ses mœurs; on y accusait son gouvernement de protéger et de favoriser des brigands et des assassins[1]. Des réfugiés irlandais publiaient à Paris une feuille en langue anglaise, *l'Argus*, destinée exclusivement à combattre l'Angleterre. Ce journal, animé d'une passion incroyable dans sa haine, fut non seulement toléré par le gouvernement français, à l'ordinaire si tyrannique envers la presse, mais encore directement subventionné[2]. La raison de cette conduite étonnante est indiquée par un ordre envoyé à Talleyrand par Bonaparte, le 25 novembre 1802 : « Je vous prie, citoyen ministre, de faire prendre 500 exemplaires de *l'Argus* pour la Martinique, Saint-Domingue, Sainte-Lucie, Tabago, Cayenne, en recommandant de les répandre dans toutes les îles anglaises[3]. » Par la voie de la presse, le gouvernement français se livra donc, soit en secret soit au grand jour, à des actes d'hostilité contre la Grande-Bretagne. Une telle conduite ne s'explique que par l'intention d'amasser peu à peu assez de matière inflammable pour pouvoir y rallumer le feu de la guerre au moment opportun.

C'est là une supposition confirmée par une découverte que bientôt on eut l'occasion de faire en Angleterre. Quoique la France eût obstinément refusé la proposition de conclure un traité de commerce, une foule d'agents commerciaux français arrivèrent en Grande-Bretagne et en Irlande pour s'y fixer dans les centres maritimes et industriels les plus importants. Le gouvernement britannique eut la complaisance de les reconnaître comme consuls. Mais on s'aperçut bientôt que ces prétendus agents commerciaux étaient des officiers se livrant avec zèle à l'étude

1. Thiers lui-même reconnaît que ces invectives inouïes et surtout les plus violentes émanaient pour la plupart de Napoléon (t. IV, p. 172).

2. Thibaudeau, t. II, p. 303; *Annual Register for* 1802, p. 188.

3. *Corresp.*, n° 6452.

de tous les détails militaires[1]. Le gouvernement eut la chance d'intercepter une missive contenant les instructions secrètes de Talleyrand pour un de ces agents, un nommé Fauvelet, à Dublin. Elles lui ordonnaient de dresser des plans de tous les ports de son district, de rechercher quelles profondeurs ils possédaient pour les vaisseaux et pour les bâtiments de transport, avec quel vent ces navires y pourraient entrer et en sortir; bref, quelle possibilité ils offraient pour une invasion[2]. On s'aperçut que ces *agents commerciaux* étaient tout simplement des espions, découverte qui produisit dans toute l'Angleterre une impression sinistre et menaçante.

Tous ces faits diminuèrent considérablement l'espoir d'une longue durée de la paix. Pourtant, ils n'en auraient pas encore amené la rupture si le premier consul ne s'était permis une nouvelle série d'actes, dont une partie était en opposition flagrante avec les traités, et dont la plupart changeaient la situation de l'Europe en un sens très défavorable à l'Angleterre. Il fut démontré clairement que la paix d'Amiens n'avait pas d'autre signification pour Bonaparte que celle de lui procurer la liberté de mouvements nécessaire à l'extension ultérieure de sa puissance.

Au même moment où il se créait un prétexte de rupture par ses réclamations violentes contre la liberté et l'hospitalité britanniques, il rédigea lui-même un sénatus-consulte ordonnant l'incorporation à la France des six départements piémontais (31 août 1804)[3]. Cette annexion fut réalisée le mois suivant. Il venait de prouver ainsi qu'il n'avait point l'intention de s'arrêter aux prétendues *frontières naturelles* de la France, mais que sa soif de conquêtes s'étendait plus loin, sur des pays n'ayant jamais appartenu à la Gaule et n'y pouvant appartenir ni par leur position géographique ni par la nationalité de leurs habitants. Avertissement terrible pour l'Europe et qui suffit en lui-même pour détruire la légende de la « sage modération » du premier consul.

L'annexion de l'île d'Elbe et son occupation par des troupes françaises en fut une nouvelle preuve, fournie à la même époque. Les députés de cette île, appelés auparavant à Paris, reçurent chacun un cadeau de 3,000 francs, à condition de tenir à Bona-

1. Barzoni, p. 96 et suiv.
2. Traduction anglaise de la missive de Talleyrand, dans l'*Annual Register for* 1803, p. 761 et suiv.
3. *Corresp.*, n° 6295.

parte un petit discours demandant leur réunion à la « grande nation[1]. » C'est ainsi que Napoléon comprenait la liberté du suffrage populaire. L'occupation de l'île d'Elbe par la France paraissait aux Anglais un danger considérable pour leur commerce et pour leur position maritime dans la Méditerranée.

La république ligurienne garda encore pour le moment un semblant d'indépendance; mais combien peu elle la possédait en réalité! Bonaparte, en effet, « voulant donner une preuve de l'intérêt qu'il portait au peuble ligurien, et sur le vœu spécial qui lui avait été manifesté par le gouvernement de ce peuple, » nomma lui-même le doge, c'est-à-dire le président de la petite république (juillet 1802). Ce « vœu » des Liguriens était de la même nature que le vœu que six mois auparavant on avait suggéré de si étrange façon aux députés de la république italienne. En même temps, Napoléon adressa aux Liguriens une proclamation où il leur enseignait, sur le ton d'un maître[2], comment ils devaient diriger leur politique intérieure et leurs armements maritimes.

Nice, la Ligurie, Elbe; il ne manquait plus que la côte toscane avec Livourne pour soumettre à la France tout le nord de la mer Tyrrhénienne. Cette lacune fut comblée. Des troupes françaises occupèrent l'Étrurie, cette caricature d'un royaume, et surtout son port si important; il va sans dire que le pays payait les frais de son hospitalité forcée. L'Étrurie n'était au fond qu'un département français[3].

Rien ne saurait mettre mieux en évidence la servitude dans laquelle le premier consul tenait l'Italie que le fait que, même avant le recommencement de la guerre avec l'Angleterre, il fit saisir tous les bâtiments britanniques en Toscane et en Ligurie plus tôt que cela ne se fit en France. On n'en demanda l'autorisation, pas même pour la forme, ni au « roi » d'Étrurie ni au « gouvernement » de Ligurie[4].

L'intention de Napoléon ne saurait être douteuse : il désirait exclure les Anglais de la Méditerranée. Aussi longtemps que cela pouvait se faire en maintenant la paix, il la garderait; mais il

1. *Corresp.*, n° 6289. Bonaparte à Berthier, 29 août 1802.
2. *Corresp.*, n° 6218, 6219.
3. Tel est le résultat auquel est arrivé M. Marmottan, après des études et des recherches fort consciencieuses, dans son *Royaume d'Étrurie* (Paris, 1896).
4. Bonaparte au général Clarke, 13 mai 1803 (*Corresp.*, n° 6743).

était prêt à prendre les armes, s'il le fallait, pour arriver à ses fins. C'est ce qu'il expliquera bientôt lui-même.

Les nouveaux coups de force et la perspective menaçante qu'ils ouvraient à l'Europe provoquèrent même le mécontentement de la Russie, si éloignée du théâtre des événements, et de son tsar, jusqu'alors admirateur fervent du premier consul[1]. L'effet en fut d'autant plus considérable sur l'Angleterre, où l'on se croyait gravement lésé, non seulement dans ses intérêts commerciaux, mais encore sur le terrain politique, sur le chemin de l'Égypte et des Indes orientales.

La France s'attaqua plus directement encore à la Grande-Bretagne, dans son voisinage immédiat, en face de ses côtes orientales, et ceci sur un point expressément protégé par les traités : c'était la Hollande.

En premier lieu, Bonaparte n'exécuta pas le dix-huitième article d'Amiens, par lequel il avait promis d'indemniser le prince d'Orange de ses immenses pertes pécuniaires aux Pays-Bas. Mais ce qui était plus grave, c'était le fait qu'il n'évacua point le territoire batave, comme il en était expressément convenu dans le traité de Lunéville pour le moment de la pacification générale. 11,000 Français continuaient à occuper la république qu'ils auraient dû quitter aussitôt la paix conclue. Mais, un mois après cet événement, le premier consul ordonna au général Victor, destiné officiellement à conduire une expédition en Louisiane, de garder le commandement en Hollande jusqu'à un temps indéfini[2], et ceci dans un moment où l'on ne parlait pas encore de provocations de la part de la presse anglaise ou des émigrés demeurant en Grande-Bretagne. Ce fut déjà un symptôme sérieux des projets arbitraires que le premier consul nourrissait contre la Hollande. Il est vrai que Bonaparte promit d'une manière solennelle que l'évacuation de ce pays commencerait dès la fin de l'année républicaine, donc depuis le 23 septembre 1802. Il est vrai aussi que quelques jours avant cette date les régiments français se mirent à se retirer vers le sud. Mais, tout à coup, ce mouvement s'arrêta. On prétexta que les troupes étaient destinées à être embarquées à Flessingue pour la Louisiane et que les navires nécessaires n'étaient pas encore disponibles, et ainsi elles

1. Ulmann, p. 51.
2. Le 24 avril 1802 (Bretonne, *Lettres inédites de Napoléon Ier*, p. 19).

restèrent dans la partie méridionale de la Hollande, à Bois-le-Duc, à Breda et à Berg-op-Zoom, continuant à se faire payer leur entretien par les braves « Bataves. » Il devint évident que cette occupation durerait longtemps, car Bonaparte nomma un nouveau général en chef, Montrichard, ainsi qu'un état-major nombreux pour les « troupes auxiliaires bataves, » c'est-à-dire pour l'armée française en Hollande, et en demanda la solde au gouvernement de la Haye. Celui-ci ordonna à Paris les réclamations les plus énergiques et provoqua l'intervention des puissances étrangères[1]. Cette double démarche n'eut aucun succès. Bonaparte n'en continua pas moins à se mêler, de la façon la plus dictatoriale, des affaires intérieures de l'« indépendante » république batave; il lui interdit tout changement de constitution, décida quels officiers hollandais seraient nommés ou révoqués, régla les récompenses et les punitions des fonctionnaires[2]. Il n'aurait pu agir autrement s'il avait été le chef direct et absolu de cette prétendue république. N'a-t-il pas comm ndé quelques mois plus tard, lorsque la guerre contre l'Anglete· ·, fut imminente, de saisir, sans autres cérémonies, les navires britanniques[3]?

La violation du traité de Lunéville était ici à la fois une violation de la paix d'Amiens. Aucun gouvernement anglais, pas même le cabinet Addington ou un cabinet Fox, n'aurait pu se réconcilier avec la France sans assurer l'indépendance de la Hollande. Il était impossible à la Grande-Bretagne de voir sous la domination française les forces maritimes, encore considérables, de cet état et ses excellents ports, situés dans le voisinage immédiat des côtes anglaises les plus importantes et les plus vulnérables, ou de livrer aux Français le Cap, alors point central de la navigation pour l'Inde orientale. Dans les débats parlementaires, on avait insisté sur ce sujet à différentes reprises. Pitt et ses amis, soutenus par l'immense majorité des Anglais, n'hésitaient pas un instant à faire de l'occupation durable de la Hollande par la France un *casus belli*[4]. En effet, en renversant tout simplement, quant à la Hollande, la situation internationale telle qu'elle

1. Dépêche de Liston, ministre de l'Angleterre à la Haye, du 20 oct. 1802 (*Annual Register for* 1803, p. 676 et suiv.).
2. Bonaparte à Talleyrand, 6 oct. 1802 (*Corresp.*, n° 6364).
3. *Corresp.*, n° 6743.
4. Voy. le journal et la correspondance de Malmesbury, t. IV, en beaucoup d'endroits.

avait existé *en droit* à l'époque de la paix d'Amiens et en fortifiant de nouveau sa domination sur la république batave et ses colonies, au lieu d'y renoncer, Bonaparte imposa à l'Angleterre une position nouvelle, défavorable, non prévue et impossible à prévoir pendant les négociations d'Amiens.

Quelque faible qu'il fût, le cabinet Addington crut devoir prendre des mesures pour ne pas livrer aux Français le seul chemin accessible alors aux flottes, qui menait aux possessions de l'Angleterre dans l'Inde, et pour tenir un gage de l'évacuation définitive de la Hollande par les troupes françaises. Il ordonna donc à son général commandant au Cap de ne pas le quitter, mais d'y maintenir l'occupation britannique. Lorsque cet ordre arriva au Cap (fin décembre 1802), une partie des troupes anglaises était déjà embarquée et une partie des forts livrée aux Hollandais. Mais le général anglais sut obliger les Hollandais, en mêlant adroitement la ruse à la force, à admettre partout de nouveau ses soldats et à lui concéder l'administration de la colonie jusqu'à nouvel ordre. « Une capitulation en temps de paix, » c'est ainsi que *le Moniteur* caractérisa ce procédé arbitraire[1], mais excusable après les agissements de Bonaparte. Le gouvernement britannique n'avait pas eu, dès la conclusion de la paix, l'intention de garder le Cap; au contraire, il en avait ordonné l'évacuation. Mais en face de l'occupation violente et injuste de la Hollande par Bonaparte, il ne put agir autrement, et la morale publique ne fut pas violée par lui en cette occasion.

Cependant, les côtes occidentales de l'Europe, depuis l'embouchure de l'Ems jusqu'aux frontières de l'État ecclésiastique, se trouvaient sous la direction du premier consul et formaient ainsi un empire commercial immense. Il mit alors la main sur un autre pays, dont la situation intermédiaire entre la France, l'Allemagne et l'Italie, ainsi que la configuration orographique, lui donnait une importance extraordinaire : la Suisse.

Nous avons vu un peu plus haut que Bonaparte entretenait artificiellement dans ce pays des discussions et des désordres destinés à lui fournir l'occasion d'intervenir et de lier les Suisses à la France. En séparant le Valais de la Confédération et en l'érigeant en république « indépendante, » il discrédita entièrement le gouvernement existant alors en Helvétie. La guerre

1. Thibaudeau, t. III, p. 251; *Annual Register for* 1803, p. 261.

civile éclata en septembre 1802. Elle donna à Napoléon le prétexte désiré d'intervenir par la force. Il exigea des Suisses, par une proclamation datée du 30 septembre, de cesser les hostilités, de déposer les armes et d'envoyer des députés à Paris afin d'y délibérer sur une nouvelle constitution, c'est-à-dire de la recevoir des mains du premier consul. Une armée de 30,000 hommes, sous les ordres du général Ney, fut réunie sur la frontière pour imposer aux Helvétiens l'obéissance aux commandements de Bonaparte[1].

La grande majorité des Suisses, désirant conserver l'ancienne forme du gouvernement, protesta hautement contre cette immixtion non justifiée du premier consul dans leurs affaires et en appela aux puissances étrangères[2]. Mais l'Autriche et la Prusse avaient besoin de son bon vouloir pour le règlement des indemnités en Allemagne, et la Russie était trop éloignée. L'Angleterre seule, qui suivait l'accroissement continuel de la puissance française avec une angoisse chaque jour plus poignante, réclama auprès du gouvernement consulaire, en se basant sur les droits incontestables de tout peuple libre et indépendant, ainsi que sur l'article XI de la paix de Lunéville[3].

Cette ingérence de l'Angleterre n'eut pas d'autre conséquence que d'amener Napoléon à ordonner l'entrée immédiate des troupes de Ney sur le territoire helvétique. A la date du 2 octobre, il avait laissé au général le soin de déterminer le moment de l'invasion. « On calcule, disait-il alors, que la proclamation du premier consul ne pourra arriver à Berne que le 12. Le général Ney saura, le 18 ou 19, si les Bernois veulent se dissoudre ou non. Dans le cas où ils ne voudraient pas se dissoudre, du 20 au 25 serait le moment où il faudrait que toutes les colonnes entrassent à la fois en Suisse. Il est donc nécessaire que le général Ney prévienne les généraux commandant sous ses ordres de se tenir, du 20 au 25, prêts à entrer en Suisse[4]. »

Si, peu de jours plus tard, Bonaparte ordonnait l'invasion déjà pour le 15, c'est-à-dire avant qu'aucune nouvelle décisive ait pu

1. *Corresp.*, nos 6351, 6352, 6359.
2. Dépêche de Merry, de Paris, le 3 oct. 1802 (*Annual Register for* 1803, p. 670 et suiv.).
3. Note de Hawkesbury, 10 oct. 1802 (*Annual Register for* 1803, p. 672 et suiv.).
4. *Corresp.*, n° 6359.

arriver à Paris[1], c'est qu'il avait sous les yeux la note anglaise du 10 octobre. C'était un soufflet appliqué à la Grande-Bretagne en pleine figure.

Le cabinet de Londres venait sous main d'envoyer en Suisse un agent du nom de Moore, afin d'y offrir au gouvernement « patriote » l'assistance pécuniaire de l'Angleterre, en cas de résistance contre l'invasion française[2]. Mais, avant d'avoir foulé le sol helvétique, Moore reçut la nouvelle de la soumission des Suisses et fut rappelé en Angleterre[3]. Voilà toutes les *intrigues* de la Grande-Bretagne dans cette affaire.

La Suisse fut alors soumise à la domination absolue de Bonaparte, tout aussi bien que l'Italie et la Hollande. Napoléon désigna ceux qui seraient exclus des fonctions publiques et décréta l'arrestation de plusieurs citoyens helvétiques. Il posa les fondements de la future constitution de cette république (10 décembre 1802). Il interdit aux Suisses « de rechercher un appui en dehors de la France » ou d'entreprendre chose « qui pût nuire aux intérêts, à l'honneur et en général à la cause du peuple français. Je ne souffrirai jamais en Suisse d'autre influence que la mienne, ajouta-t-il, dût-il m'en coûter 100,000 hommes[4]. » Il ne s'agit, dans ses entreprises politiques, jamais de la France, toujours de lui-même.

Ces faits produisirent une impression douloureuse dans l'Europe entière, parce qu'on les considérait comme la fin de l'indépendance suisse, conquise par tant d'héroïsme et conservée glorieusement pendant cinq siècles. Irrité déjà de la suppression du roi de Sardaigne, le tsar prévint son ambassadeur à Paris d'insister, avec toute la vigueur possible, sur l'inviolabilité et sur l'indépendance de la Suisse. Alexandre Ier alla même jusqu'à menacer la France d'une guerre, si la cause de la justice et du bien public continuait à être violée par elle[5]. La colère fut encore plus grande et surtout plus générale en Angleterre. Le libre peuple

1. *Corresp.*, n° 6370.

2. Instruction envoyée à Moore, du 10 oct. 1802 (*Annual Register for* 1803, p. 673 et suiv.). Bignon prétend (t. III, p. 15) que Moore eut l'ordre d'offrir encore aux *rebelles* des armes et des munitions de guerre et d'exciter l'Autriche à s'immiscer des affaires suisses. C'est bien douteux. Nous n'en trouvons aucune trace dans ses instructions.

3. Documents (*Annual Register for* 1803, p. 675).

4. *Corresp.*, nos 6421, 6480.

5. Ulmann, p. 51.

britannique nourrissait de vives sympathies pour la liberté helvétique[1]. On trouvait que le gouvernement anglais s'était conduit beaucoup trop faiblement dans cette affaire. On voyait dans les agissements du premier consul, depuis la conclusion du traité d'Amiens, un système dirigé contre la paix et incompatible avec elle[2]. Beaucoup de monde était d'avis que Bonaparte avait la ferme intention d'irriter l'Angleterre pour l'amener à lui déclarer la guerre[3]. On croyait même savoir qu'il avait alors projeté, en octobre 1802, de surprendre l'Égypte, et que la réalisation de ce dessein n'avait été empêchée que par l'apparition imprévue d'une flotte anglaise dans la Méditerranée[4]. En effet, si le cabinet Addington avait eu la moindre habileté et un peu de fermeté, il aurait commencé la guerre, reconnue dès lors inévitable, sur ces affaires de Hollande et de Suisse. Il aurait eu le monde entier de son côté et évité ainsi le reproche d'avoir rompu la paix en violant lui-même le traité d'Amiens. C'est ce que bien des Anglais influents lui conseillèrent. Mais le gouvernement de Londres laissa passer le moment favorable et se contenta de se préparer silencieusement pour une rupture imminente[5].

En ce moment même, une note de Napoléon arriva à Londres, de nature à confirmer tous les soupçons et à éclairer les plus optimistes sur les véritables intentions de son auteur. Il y déclara que, aussitôt que l'on voudrait l'empêcher de faire telle ou telle chose, à l'instant même il la ferait. Quant à la Suisse, disait-il, sa décision est irrévocable, quoi qu'on dise ou qu'on ne dise pas. Il ne livrera point les Alpes à 1,500 mercenaires payés par l'Angleterre et ne souffrira pas que la Suisse soit convertie en nouveau Jersey. Il ne désire pas la guerre, mais aucune considération ne l'arrêterait si l'honneur ou l'intérêt de la république lui commandaient de reprendre les armes. Ce serait l'Angleterre qui l'obligerait de conquérir l'Europe. « Le premier consul n'a que

1. Mme de Rémusat parle de l'affaire suisse comme d'une des causes principales de la rupture de la paix d'Amiens (*Mémoires*, t. I, chap. 2).

2. Voy. *Letters and desp. of Castlereagh*, t. V, p. 68 et suiv. — Opinion de Pitt et de Canning, en octobre 1802 (Malmesbury, t. IV, p. 78).

3. C'est aussi la conviction de Schlosser, t. VI, p. 47 et suiv.

4. Browning, p. 189.

5. Hawkesbury à Frere (ministre anglais à Madrid), 27 oct. 1802 : « Depuis que j'ai écrit ma dernière dépêche, des événements ont eu lieu de nature à pouvoir amener une rupture entre le gouvernement de Sa Majesté et celui de la France » (Fr. von Gentz, *England und Spanien*, Saint-Pétersbourg, 1806, p. 313).

trente-trois ans, il n'a détruit que des États de second ordre! Qui sait ce qu'il lui faudrait de temps pour changer de nouveau la face de l'Europe et ressusciter l'empire d'Occident! » Pour empêcher ces catastrophes, il ne demande qu'une chose : tout le traité d'Amiens, rien que le traité d'Amiens[1].

Ces paroles étonnantes de Napoléon contiennent son programme entier. Il désire provoquer l'Angleterre à une guerre nouvelle pour y trouver un prétexte de nouvelles conquêtes, voire même pour transformer le monde et pour faire revivre l'empire des Césars et de Charlemagne. Devant le peuple français, désireux alors de paix et de tranquillité, il ne peut pas paraître comme agresseur; mais il sait que, s'il réussit à amener l'Angleterre à déclarer la guerre, s'il fait appel « à l'honneur ou à l'intérêt » de la France, celle-ci, avec enthousiasme, mettra ses fils belliqueux à sa disposition. On comprend difficilement comment, en pleine connaissance du programme exposé par Napoléon dans cette note du 1er brumaire an XI, des écrivains estimables l'aient encore pu dépeindre comme martyr de l'hostilité britannique, forcé par elle à des conquêtes immenses, malgré lui.

Le gouvernement anglais se contenta de répondre à la formule : « Tout le traité d'Amiens et rien que le traité d'Amiens » par l'autre formule : « Tout l'état de l'Europe à l'époque du traité d'Amiens et rien que cet état. » Ne pouvant guère contredire directement cette juste demande, Bonaparte renouvela la prétention inouïe que l'Angleterre, n'ayant reconnu aucune des républiques italiennes ni la nouvelle Helvétie, avait perdu le droit de s'intéresser aux affaires de ces pays[2]. Sous ce prétexte spécieux, le premier consul pouvait s'approprier un pays après l'autre et en exclure les produits et le commerce de l'Angleterre sans que celle-ci eût à s'en soucier.

Tous les actes du premier consul prouvent qu'il s'était réellement proposé d'exclure l'Angleterre des affaires continentales, de lui refuser la qualité de grande puissance européenne; c'est cette politique qui a provoqué le plus douloureusement la nation britannique et qui a rendu impossible le maintien de la paix[3].

1. Extrait publié pour la première fois par Thiers, t. IV, p. 186 et suiv.
2. Bonaparte à Talleyrand, 4 nov. 1802 (*Corresp.*, n° 6414).
3. Cela a été reconnu et proclamé dès cette époque même; voy. *Annual Register for* 1802, p. 159, et *for* 1803, p. 28. — Cf. Dépêche de Lucchesini (envoyé de Prusse à Paris), du 4 mai 1803; P. Bailleu, *Preussen und Frankreich*, 1795-1807, t. II, p. 141.

L'Angleterre était décidée à ne pas se laisser traiter comme quelque petit État italien ou allemand, à ne pas se laisser fermer l'accès de la politique européenne par la volonté impérieuse d'un parvenu corse. Le roi, déclara lord Hawkesbury, ne renoncera jamais au droit d'exercer son influence sur les affaires du continent dans toutes les occasions suffisantes. C'est là un droit général appartenant à tout État indépendant et n'ayant pas besoin d'être fixé par un traité spécial. Mais plus encore : le traité d'Amiens avait été conclu, expressément et avec le plein consentement du gouvernement français, sur la base de l'état de choses existant alors en Europe. Par conséquent, tout changement, même partiel, de cet état en faveur de la France, donne directement à l'Angleterre le droit d'intervenir. Or, de tels changements partiaux s'étaient réalisés : annexion du Piémont, cession du duché de Parme à la France (circonstance qui avait été soigneusement cachée à Amiens), destruction, contraire aux traités, de l'indépendance hollandaise et suisse, malgré les protestations de la Grande-Bretagne[1].

Il serait difficile d'attaquer cette argumentation au point de vue du droit international. Elle fut répétée, dans une forme plus modérée, dans le discours du trône par lequel le roi Georges III ouvrit la session de son parlement, le 23 novembre 1802. Cependant, comme nous l'avons dit plusieurs fois, le cabinet Addington se sentait trop faible, dans sa composition même comme dans sa situation envers les factions parlementaires, pour se jeter dans une guerre autrement que poussé par la plus impérieuse nécessité. Ainsi commit-il l'insigne faiblesse de reculer encore et d'enlever, de cette façon, à ses protestations antérieures toute la force morale qui leur avait réellement appartenu. Addington et Hawkesbury se sont volontairement retirés de l'excellente position politique que l'ambition dénuée de scrupule du premier consul leur avait créée. Après les discussions passionnées et menaçantes, l'atmosphère politique se calma momentanément, en novembre 1802. Les chargés d'affaires provisoires à Paris et à Londres furent remplacés par des ambassadeurs d'un rang plus élevé. Lord Whitworth, aristocrate honnête et bienveillant, mais orgueilleux et raide, se rendit dans la capitale de la France, tandis que Londres vit arriver de France le général Andréossy, mieux versé dans le métier des armes que dans celui de la diplo-

1. Instruction pour lord Whitworth du 14 nov. 1802 (Browning, p. 6 et suiv.).

matie. Ce fut alors, c'est-à-dire après les événements d'Italie et de Hollande, si menaçants pour la Grande-Bretagne, que le gouvernement anglais commanda de nouveau et de la manière la plus précise, à ses généraux en Égypte et au Cap, d'évacuer ces deux pays[1]. Par cela, il témoignait incontestablement d'un amour de la paix qui allait jusqu'à la lâcheté, et il renonçait tacitement, d'une manière aussi maladroite qu'inglorieuse, aux réclamations détaillées et formelles qu'il avait élevées contre les mesures arbitraires de Bonaparte dans l'été et dans l'automne de 1802. Encore une fois, il dépendait du premier consul de maintenir avec l'Angleterre, sinon l'amitié, au moins la paix.

Les événements prirent d'abord une tournure favorable. Lord Whitworth fut très bien reçu à Paris et honoré par des fêtes brillantes. Une foule énorme d'Anglais se rendirent à Paris, lieu de délices, pendant tout le XVIIIe siècle, pour l'aristocratie de naissance et d'argent de l'Angleterre, et où l'on désirait alors reprendre les plaisirs interrompus par la guerre de dix ans et observer, en même temps, ce que la brillante capitale était devenue après les terribles orages de la Révolution.

Ici, nous devons constater de la façon la plus énergique, sur la foi des faits mêmes, que ce fut le premier consul seul qui troubla cette situation pacifique et qui donna l'impulsion destinée à amener une rupture définitive et fatale.

Aux premiers jours de janvier 1803, Napoléon renouvela ses plaintes quant au séjour en Angleterre des princes de la maison de Bourbon, dont il exigea le bannissement à Varsovie, et quant aux attaques de la presse anglaise, et ceci à un moment où les gazettes officielles de Paris débordaient d'injures contre la Grande-Bretagne[2]. Le *Moniteur* accusa le gouvernement de ce pays d'inonder l'Allemagne et la Suisse d'agents secrets pour y semer le désordre et la guerre, et les chefs du parti national anglais de chercher à provoquer partout une lutte sanglante. Évidemment, nous nous trouvons ici en présence d'un système de mesures destinées à détruire l'entente à peine rétablie. Connaissant la faiblesse et les sentiments pacifiques du cabinet Addington, Bonaparte alla encore plus loin. Il se décida à frap-

1. *Annual Register for* 1803, p. 677. — Thibaudeau, t. III, p. 251. — Bignon, t. III, p. 61.

2. Dépêches de Whitworth des 4 et 27 janv. 1803 (Browning, p. 38 et suiv., 52 et suiv. — Cf. Schlosser, t. VI, p. 57 et suiv.).

par un coup retentissant qui dut mettre en éveil l'Angleterre et même l'Europe entière.

Au commencement du mois de septembre précédent, il avait expédié en Orient le colonel Sébastiani. Cet officier supérieur avait dû se rendre d'abord à Tripoli et gagner le bey de ce pays à la politique française. Ensuite, il devait aller en Égypte, ce qui était la partie la plus importante de sa mission, et espionner aussi exactement que possible la ville d'Alexandrie et ses environs aux points de vue militaire, politique et social. Cette tâche paraissait si considérable qu'il avait l'ordre d'envoyer en France un navire spécial portant les notes qu'il aurait rédigées sur ses observations. Ensuite, il avait à visiter le Caire et à remonter le Nil, en négociant partout avec les pachas turcs et avec les cheiks des Mamelouks, en les assurant de la constante amitié et du vif intérêt que leur portait le premier consul, et en observant la situation militaire de ces districts. A la fin, il devait faire un voyage semblable en Syrie, où il avait charge, en outre, de protéger et de gagner à la France les chrétiens indigènes[1].

Une mission d'un tel caractère nous oblige de supposer que Bonaparte désirait préparer de longue main des projets relatifs à une nouvelle invasion de l'Égypte. Et la manière dont Sébastiani accomplit sa mission prouve jusqu'à l'évidence qu'il avait encore reçu des instructions orales en ce même sens et tendant vers le même but. Il ne manqua pas d'exciter tant les fonctionnaires turcs en Égypte, civils et militaires, que leurs adversaires, les beys des Mamelouks, contre les Anglais, de leur donner des assurances de protection et d'amitié, au nom du premier consul, et d'en tirer, en revanche, des promesses de dévouement et d'attachement pour Bonaparte. Il s'efforça même de réconcilier les Turcs et les Mamelouks afin de les unir en un seul parti français. De même, il chercha à gagner pour la France les habitants chrétiens de l'Égypte. Il agit dans le même sens en Syrie. Son retour s'effectua par les îles Ioniennes, qui formaient alors une république indépendante. Dans l'île principale, à Zante, il eut la hardiesse de convoquer les magistrats et les citoyens notables, de les exhorter à s'unir entre eux et avec la France. Il va sans dire qu'il recueillit des notes détaillées sur l'état des troupes et des fortifications dans tous les pays qu'il visitait[2].

1. Instructions de Bonaparte pour Sébastiani du 5 sept. 1802 (*Corresp.*, n° 6308).

2. Rapport de Sébastiani (*Annual Register for* 1803, p. 742 et suiv.).

Le rapport de cet espion officiel avec tous ses résultats et avec l'exposé de toutes ses intrigues fut, malgré la vive opposition de Talleyrand[1], publié dans le *Moniteur* du 30 janvier 1803. La provocation inouïe que cette publication contenait à l'adresse de la nation anglaise fut encore renforcée par le fait que le rapport énumérait des accusations fort graves contre les troupes anglaises en Égypte et contre leur chef, le général Stuart. On y disait qu'il était un homme de peu de moyens, qu'il répandait contre la France des calomnies de tout genre, qu'il s'était abaissé jusqu'à exciter des assassins contre Sébastiani; que l'état de l'armée anglaise était tellement misérable que 6,000 Français suffiraient pour reconquérir l'Égypte. Tout cela se trouvait imprimé dans le journal officiel et fut communiqué par lui à l'Europe entière. « Cette publication, — dit Pelet, gendre du diplomate napoléonien Otto, lui-même conseiller d'État de l'empereur, — étonna la France autant que l'Angleterre. Elle était ou une provocation ou une imprudence extraordinaire, mais on se refusait à croire que Napoléon fît rien sans dessein[2]. »

La publication officielle du rapport de Sébastiani devait avoir une double conséquence.

En premier lieu, elle était une provocation manifeste à l'Angleterre, une offense bien propre à exciter la colère de toute la nation anglaise. C'est ce que les Français intelligents reconnurent immédiatement[3]. L'intention se montrait clairement dans les attaques dirigées contre les troupes anglaises et surtout contre le général Stuart. Il est très probable qu'elles ont été insérées au rapport sur l'instigation expresse du premier consul, car, dans les conversations privées que Sébastiani eut après son retour en France, il contredisait hautement ces prétendus témoignages contenus dans le rapport et se plaisait à parler du général Stuart avec beaucoup d'éloges[4]. Mais Bonaparte désirait irriter les Anglais et les forcer à jouer cartes sur table[5].

1. Dépêche de Lucchesini (ministre de Prusse à Paris), du 4 mai 1803 (Bailleu, t. II, p. 140).

2. Baron Pelet, *Opinions de Napoléon sur divers sujets* (Paris, 1833), p. 32.

3. Voy., avec Pelet, Lefebvre, t. I, p. 268.

4. Lord Whitworth, comme témoin auriculaire : « Without any observation of my part which would lead to such a conduct. » Dépêche du 3 févr. 1803 (Browning, p. 59).

5. On ne saurait donc rejeter entièrement le témoignage de Lucien Bonaparte (*Mémoires*, éd. Jung, t. II [Paris, 1882], p. 165), qui prétend que le rapport a été rédigé, non par Sébastiani, mais par Napoléon lui-même, d'après

En second lieu, ce document ne laissait plus subsister la moindre incertitude quant à la ferme intention du premier consul de soumettre les États barbaresques à son influence, de s'emparer tôt ou tard de l'Égypte, de la Syrie et des îles Ioniennes, de dominer la partie orientale de la Méditerranée comme celle de l'ouest, et de s'ouvrir ainsi le chemin pour attaquer les Indes. Les hommes d'État britanniques n'avaient jamais cessé de prêter à Bonaparte des projets pareils. La sollicitude avec laquelle il tenait l'*armée d'Égypte* réunie, après le retour de cette troupe en France, en lui conservant sa dénomination; la concentration d'une nombreuse artillerie en Italie; la formation d'un corps de 8,000 hommes en Corse; les négociations avec la Russie dans le but de dépouiller ensemble la Turquie; les relations continuelles avec les Barbaresques de l'Afrique septentrionale : tous ces faits leur inspirèrent la conviction, — et surtout à l'ambassadeur de la Grande-Bretagne à Paris, — que, immédiatement après l'évacuation d'Alexandrie par les soldats anglais, des troupes françaises y seraient ramenées sous un prétexte quelconque, pour le plus grand danger de l'Inde[1]. Mais le rapport de Sébastiani changea ces soupçons en certitude.

Talleyrand, qui ne partageait nullement les aspirations belliqueuses de son maître, fit tout ce qui lui était possible pour affaiblir l'effet de la fatale publication. Il prétendit que c'était uniquement des représailles contre un livre de sir Robert Wilson, qui venait de raconter l'histoire de la guerre de Syrie d'une manière offensante pour Bonaparte, et que, au fond, la mission de Sébastiani avait été purement commerciale. Cette dernière affirmation se réfutait par le texte même du rapport, sans parler des instructions du colonel, qui, cela va sans dire, restaient alors secrètes. La conduite fanfaronne et prétentieuse de Sébastiani avait d'ail-

les notes du colonel. A la lecture de toute phrase dirigée contre l'Angleterre, le premier consul se serait écrié : « Parbleu !... nous verrons si ceci... si cela... ne décidera pas John Bull à guerroyer! » Il est vrai que Lucien se trompe tout à fait en parlant du rapport de Sébastiani comme d'un document qui entrava longtemps les négociations du traité d'Amiens (!) et fut une des premières tendances à son entière rupture. — En général, les *Mémoires* montrent combien Lucien était un homme mesquin, vaniteux et ridiculement présomptueux, dirigé exclusivement par des mobiles personnels.

1. Dépêches de Whitworth des 27 nov., 20 déc. 1802, 27 et 31 janv. 1803; Browning, p. 16 et suiv., 29-55 et suiv. — « L'intention de recommencer l'expédition d'Égypte à la première occasion ne pouvait plus faire doute pour personne » (Lavisse et Rambaud, *Histoire générale*, t. IX, p. 64).

leurs clairement montré le caractère politique de sa mission[1]. C'est ce qui rend aussi impossible l'argumentation du ministre français quant au pamphlet de Wilson, publié à un moment (novembre 1802) où Sébastiani était en route depuis deux mois.

L'effet en Angleterre fut immense. Personne n'y eut plus le moindre doute que le premier consul cherchait à humilier l'Angleterre et qu'il venait d'afficher ses projets sur l'Égypte ; que la paix ne pourrait être maintenue qu'à condition qu'on lui cédât ce pays et que l'on abdiquât comme puissance européenne devant les menaces et les injures de Bonaparte. La nation anglaise ne voulait admettre ni l'une ni l'autre de ces éventualités ; afin de les éviter, elle se décida pour la guerre, et ceci d'autant plus que Napoléon avait tout fait, depuis la paix d'Amiens, pour l'irriter, pour l'atteindre dans ses intérêts commerciaux, et pour profiter sans cesse des avantages que lui avait rapportés ce traité, inepte au point de vue britannique. La résolution prise par la nation anglaise de reprendre les armes avait été préparée de longue date par l'exclusion du commerce britannique, par les usurpations en Italie, en Suisse et en Hollande ; elle fut définitivement provoquée par les injures du rapport de Sébastiani et par l'annonce d'une nouvelle expédition d'Égypte.

Le cabinet Addington comprit que l'indignation populaire le renverserait du coup s'il n'avait pas le courage de défendre, en ce moment critique, l'honneur et l'intérêt vital du pays, coûte que coûte. « Avant de prendre des mesures décisives, » dit alors Addington lui-même à un célèbre diplomate anglais, « j'ai attendu que Bonaparte joignît l'hostilité à l'insolence. Il vient de le faire d'une manière indubitable par le rapport de Sébastiani[2]. » Pour la première fois, le ministère fit alors paraître l'intention de garder Malte, à la fois en guise de compensation des agrandissements de la France contraires aux traités, et afin de dominer le chemin de l'Égypte.

Nous avons constaté plus haut que le gouvernement britannique avait commencé par chercher consciencieusement à obtenir la réalisation de toutes les conditions énumérées au Xe article du traité d'Amiens comme préalables à l'évacuation de l'île de Malte. La France, au contraire, y avait montré une grande tiédeur. Pendant tout l'été de l'année 1802, elle avait

1. Ceci est avoué même par Lefebvre, t. I, p. 269.

2. Malmesbury, *Journal*, t. IV, p. 208 : entretien de Malmesbury et d'Addington, du 19 févr. 1803.

oublié d'instruire ses représentants à Saint-Pétersbourg, à Vienne, à Berlin et à Madrid, de demander la garantie de l'indépendance de Malte par ces quatre puissances. Seul, le ministre de France à Vienne, Champagny, eut la hardiesse de s'associer dans cette affaire à son collègue britannique sans y être autorisé par ses supérieurs. En effet, les deux diplomates réunis obtinrent du ministère autrichien le document désiré (20 août 1802). Les trois autres puissances ne pouvaient obtempérer à la demande unilatérale de l'Angleterre[1]. Malgré cela, l'envoyé français à Londres exigea en août 1802 l'évacuation immédiate de Malte par les Anglais[2]. Le premier consul désirait évidemment éloigner les Anglais de Malte, sans les garanties que le traité d'Amiens leur avait accordées, pour avoir les mains libres dans ses projets sur cette île. Il ne peut y avoir le moindre doute à ce sujet. Avec l'arrogance naïve d'un homme qui considérait le monde comme lui appartenant de plein droit, il avait écrit à Talleyrand, le 15 juin 1802 : « Il est indispensable, citoyen ministre, que vous me fassiez sur-le-champ un rapport sur l'individu qui doit fixer notre choix pour la grande maîtrise de Malte; il est instant que nous en écrivions à Rome[3]. » De fait, une créature du premier consul, Barthélemy Ruspoli, fut élevée à cette dignité. Entre-temps, on dépouilla l'ordre de Saint-Jean de tous ses moyens d'existence. La France n'en avait pas seulement confisqué tous ses biens sur son propre territoire, elle avait encore obligé l'Espagne et le Portugal à détruire les *langues* de l'ordre et à s'emparer de ses propriétés dans leurs pays, avec un revenu total de 700,000 francs. Il va sans dire que dans le Piémont et dans la République italienne on agit de même. Bonaparte eut soin que les États de l'Allemagne méridionale imitassent cet exemple. Il ne restait donc à l'ordre que quelques chevaliers et très peu de revenus : au lieu de 3,400,000 francs par an, il n'en avait plus que 500,000[4]. On ne pouvait évidemment défendre les vastes fortifications de Malte avec des moyens aussi restreints. C'est par suite des intrigues de Bonaparte que de l'ancien ordre de Saint-Jean il ne restait plus

1. Dépêches des ministres de France à Saint-Pétersbourg, à Vienne et à Berlin (*Annual Register for* 1803, p. 678 et suiv.). — Thiers, t. IV, p. 181.
2. Note d'Otto du 21 août 1802, et réponse de Hawkesbury, du 23 août (*Annual Register for* 1803, p. 669 et suiv.).
3. *Corresp.*, n° 6133.
4. Barzoni, p. 103 et suiv. — *Annual Register for* 1802, p. 143. — Hawkesbury à Whitworth, 28 févr. 1803 (Browning, p. 93).

qu'une ombre incapable d'opposer la plus légère résistance à une nouvelle attaque de la part de Napoléon. Voilà où il avait voulu en venir.

Mais alors les événements s'opposèrent à la réalisation de ses projets. Le bailli Ruspoli n'eut aucune envie de prendre sur lui les fonctions d'un grand maître impuissant, destinées à aboutir à une capitulation aussi honteuse que celle de juin 1798. Ce fut en vain que Bonaparte fit agir le pape, qu'il lui dicta même les lettres que celui-ci eut à écrire à Ruspoli[1]; le bailli maintint son refus. Alors, le pape nomma un nouveau grand maître, le commandant Tomasi de Cortone. Mais ce genre d'élection était tellement contraire au Xe article d'Amiens et s'était fait si clairement sur l'ordre du premier consul par son vassal romain, que tout le monde ne considérait Tomasi que comme un gouverneur français.

Après des faits de ce genre, l'Angleterre était justifiée à rester dans les fortifications de la Valette et à forcer les 2,000 Napolitains de s'installer en dehors de la forteresse.

Bonaparte comprit alors qu'il lui fallait se montrer plus conciliant. Il finit par ordonner à ses représentants auprès des grandes puissances de leur demander la garantie pour Malte, conformément au traité d'Amiens. La Prusse ajourna sa réponse, voulant suivre l'exemple de la Russie. Le jeune tsar, après bien des hésitations, accorda la garantie (24 novembre 1802), mais à des conditions dont la plus importante était la suppression de la *langue* maltaise, contrairement au Xe article d'Amiens, qui avait créé cette *langue* précisément pour remplacer la disparition des *langues* anglaise et française[2]. Si la *langue* maltaise était supprimée, après la destruction de celles de Provence, d'Auvergne, de France, de Castille, d'Aragon, d'Angleterre et d'une partie considérable de celles d'Allemagne et d'Italie, l'ordre serait à peu près réduit à rien. Voilà un état de choses que l'Angleterre ne pouvait approuver. En dehors de la lettre même du traité d'Amiens, elle s'appuyait d'une pétition que les habitants de Malte lui avaient présentée par quelques députés, immédiatement après la conclusion de la paix, et par laquelle ils avaient protesté, dans des termes violents, contre le retour de leur île sous la domination oppressive et intolérable de l'ordre; ils avaient

1. *Corresp.*, n° 6171.
2. Documents publiés dans l'*Annual Register for* 1803, p. 680 et suiv.

déclaré que, si on ne leur permettait de décider librement de leur sort futur, ils préféraient rentrer sous la domination française[1].

Le gouvernement britannique résolut donc, en janvier 1803, de remplacer par des conditions nouvelles les conditions d'Amiens, reconnues impraticables pour l'évacuation de Malte. Par conséquent, il demanda : en premier lieu, que la défense militaire de l'île fût assurée; ensuite, que les droits et les intérêts des indigènes de Malte fussent pris en considération, et, enfin, que la Russie et les trois autres puissances nommées dans le traité accordassent la garantie sans phrase. Cette proposition fut envoyée à la Russie le 28 janvier 1803[2]. Le cabinet de Londres était sur le point de la communiquer également au gouvernement français, lorsque la publication fatale du rapport de Sébastiani parut au *Moniteur* et transforma du coup toute la situation politique[3]. Les soupçons que l'on avait conçus quant aux intentions de Bonaparte étaient confirmés par ce fait d'une manière tellement éclatante et offensante pour l'Angleterre, que le cabinet Addington, d'accord avec l'opinion publique en Angleterre et poussé par elle, résolut de garder Malte pour protéger l'Égypte contre les projets violents de Bonaparte et comme compensation de ses usurpations injustes. On ne saurait en faire un reproche ni à la nation anglaise ni à son gouvernement.

La politique méditerranéenne de Napoléon poursuivait un double but : chasser les Anglais de la Méditerranée et occuper des positions qui permettraient à la France de profiter de la ruine imminente de la Turquie[4]. Le premier projet menaçait l'Angleterre et le second l'Europe entière. Après que Bonaparte eut manifesté ces intentions, le gouvernement britannique eut non seulement le droit, mais encore le devoir de s'y opposer de toute façon. Quant à la forme, Bonaparte a mis l'Angleterre dans son tort, en la poussant à garder Malte, contrairement au traité

1. *Annual Register for* 1803, p. 239 et suiv. — Malgré cette conclusion, Bonaparte affirmait que la pétition était rédigée par des Anglais résidant à Malte (*Corresp.*, n° 5952).

2. Note anglaise adressée à la Russie (Castlereagh, t. V, p. 56 et suiv.). — La date de cette note est indiquée dans un mémoire de Castlereagh (ibid., p. 49) : « Two days after our communication to Russia was despatched, Sebastiani's report appeared in the Moniteur. »

3. Hawkesbury à Whitworth, 9 févr. 1803 (Browning, p. 66 et suiv.). — Thiers reconnait également que le gouvernement anglais était décidé à abandonner Malte jusqu'au moment de la publication du fameux rapport (t. IV, p. 210.)

4. Ceci est prouvé dans tous ses détails par Rodocanachi, *Bonaparte et les îles Ioniennes* (Paris, 1899).

d'Amiens. Mais ce fut là un tort de pure forme, excusé par les nombreuses violations du traité qu'il avait ordonnées lui-même. On avait beau dire : *tout le traité d'Amiens et rien que le traité d'Amiens;* en réalité, dès le jour de sa signature, on avait tout fait pour en saper les fondements et pour préparer ouvertement et distinctement une nouvelle guerre pour le moment où l'on pourrait espérer la rendre mortelle pour la Grande-Bretagne. Ainsi, Bonaparte revint-il aux idées nourries et préconisées par lui dès le commencement de sa prodigieuse carrière politique, que la grandeur de la France était incompatible avec celle de l'Angleterre et que l'un ou l'autre de ces deux pays devait succomber[1]. Lorsque quelqu'un entoure une maison de spadassins et cherche à en enfoncer les portes, le propriétaire de la maison ne se trouve-t-il pas dans le cas de légitime défense? N'a-t-il pas le droit de chasser les agresseurs avant qu'ils aient exécuté leur attaque? C'était là une manière de voir qui s'imposait même au gouvernement russe, très amical jusqu'alors pour le premier consul. Bonaparte s'était efforcé de se l'attacher en lui proposant à différentes reprises le partage commun de l'empire turc. Le tsar répondit par un refus absolu. Non seulement il rejeta, à l'instar de l'Angleterre, la reconnaissance de tous les changements réalisés en Italie après la paix de Lunéville; mais il menaça encore d'entrer en guerre si la France continuait à troubler le repos de l'Europe. Quant à la Turquie, il déclara que « Sa Majesté, satisfaite du lot que la Providence lui a assigné, ne veut pas l'agrandir, pas plus du côté de la Turquie qu'autre part, et conséquemment elle ne saurait non plus voir avec indifférence que personne d'autre s'agrandisse aux dépens de la Porte ottomane. » Le tsar n'hésita même pas à justifier expressément la conservation de Malte par les Anglais en rappelant les vues de Bonaparte sur l'Égypte, projets dangereux pour les intérêts britanniques et européens[2]. Il y a là le germe de la troisième coalition. On ne saurait dire que la Russie ait succombé ici à la séduction britannique. Ce sont le sentiment de la justice et l'intérêt général de l'Europe qui ont amené le tsar à reprendre la guerre contre Napoléon, comme il l'a annoncé clairement dès les premiers jours de l'année 1803. Depuis le commen-

1. Voy., à ce sujet, H. M. Bowman, *Preliminary stages of the peace of Amiens* (Toronto, 1900), p. 15.

2. Le chancelier russe au comte Marcoff, ambassadeur à Paris, 10 janv. 1803 (Browning, p. 88 et suiv. — Cf. Ulmann, p. 51, 52, 51).

cement du conflit, il se mit résolument du côté de l'Angleterre.

Le 9 février, lord Hawkesbury expédia à lord Whitworth l'instruction décisive qui développait le nouveau programme du gouvernement britannique. La France, y disait-il, avait fait, depuis la paix d'Amiens, des acquisitions qui se trouvaient en contradiction avec les traités en vigueur à cette époque, et qui, par conséquent, changeaient complètement le terrain sur lequel l'Angleterre s'était placée en concluant la paix. Ces faits donnaient à l'Angleterre le droit de demander des compensations. Cinq semaines plus tard, le secrétaire d'État britannique s'exprima sur ce sujet d'une manière plus générale. « Les traités sont négociés, eu égard à l'état actuel des possessions des parties contractantes et aux traités ou engagements publics, par lesquels elles sont liées à l'époque de leur conclusion; de sorte que, si cet état de possession et ces engagements sont altérés assez matériellement par l'une ou l'autre des deux parties pour affecter la nature du pacte lui-même, l'autre partie est fondée, suivant le droit des gens, à intervenir, afin de réclamer une satisfaction ou une compensation pour tout changement essentiel que de telles démarches peuvent avoir subséquemment causé dans leur situation respective[1]. » Ce principe du droit international, continua Hawkesbury dans son instruction du 9 février, est encore corroboré dans le cas présent par le fait que le gouvernement français l'a expressément reconnu et l'a appliqué aux rapports existant entre l'Angleterre et la France. Malgré tout cela, Sa Majesté britannique aurait renoncé à ses justes prétentions d'une compensation équitable si la publication officielle du rapport de Sébastiani, avec ses offenses aussi graves qu'injustifiées contre le roi, contre l'armée anglaise d'Égypte et contre son chef, ainsi qu'avec l'annonce de projets du gouvernement français contraires à la lettre et à l'esprit du traité et aux intérêts des possessions de Sa Majesté, n'avait exigé une ample réparation. Avant de l'avoir obtenue, l'Angleterre n'entrera dans aucune négociation ultérieure au sujet de Malte[2].

Le premier consul fut fortement irrité par le ton décidé et tranchant sur lequel le cabinet de Londres lui répondait cette fois. L'application que le gouvernement anglais faisait ici en sa faveur de sa propre manière d'agir lui était insupportable. Sa

1. Note de lord Hawkesbury, présentée au général Andréossy le 15 mars 1803 (Browning, p. 121).

2. Browning, p. 65 et suiv.

décision fut donc plus ferme que jamais : de soumettre l'Angleterre à sa volonté ou de lui faire la guerre. Il avait assez de confiance en sa propre habileté et dans la faiblesse et le manque de résolution du cabinet Addington pour espérer qu'il serait toujours à même de choisir, conformément à ses intérêts, le moment de recommencer la guerre. Comme plus tard pour l'Espagne, pour la Russie et pour la Prusse, son calcul était très juste quant à la faiblesse des gouvernements, mais insuffisant quant à la force entraînante des passions populaires.

Il ne laissa subsister aucun doute sur ses intentions. A peine eut-il pris connaissance de la note de lord Hawkesbury qu'il invita l'ambassadeur d'Angleterre à un entretien particulier, destiné expressément à lui communiquer son opinion et à être transmis au roi d'Angleterre (18 février 1803). Il aimerait mieux, dit-il à cette occasion, voir les Anglais en possession du faubourg Saint-Antoine que de Malte. Son exaspération contre l'Angleterre augmentait tous les jours, parce que « chaque vent qui se levait d'Angleterre ne lui apportait que haine et outrage. » Quant à l'Égypte, il pourrait la conquérir facilement; mais il ne le ferait pas, afin de ne pas être considéré comme l'auteur d'une nouvelle guerre, surtout puisque tôt ou tard l'Égypte appartiendra à la France, soit par la ruine de l'empire turc, soit par quelque convention avec le sultan. Si l'Angleterre, la plus grande puissance maritime, se fût montrée plus amicale envers la France, la plus grande puissance continentale, il lui aurait offert une alliance pour dominer ensemble le monde entier. Mais actuellement, continua-t-il, ce dont il s'agit entre les deux pays, c'est de faire la paix ou la guerre. Pour éviter cette dernière éventualité, il faut évacuer Malte, brider la presse anglaise et surtout celle des émigrés, renoncer à protéger ses pires ennemis. Lorsque lord Whitworth eut enfin la possibilité de répondre à ce flot d'accusations et d'exigences en mentionnant les usurpations de la France depuis la paix d'Amiens, Bonaparte s'écria : « Je suppose que vous parlez du Piémont et de la Suisse. *Ce sont des bagatelles*, et vous n'avez pas le droit d'en parler à cette heure[1]. »

Les explications évidemment dénuées d'artifice du premier

1. La version la plus authentique de ce fameux entretien est celle que lord Whitworth a fixée lui-même, immédiatement après sa visite au premier consul (Browning, p. 78 et suiv.).

consul à l'occasion de cet entretien, où il parla à peu près seul pendant deux heures, devaient de nouveau convaincre les ministres anglais que leurs craintes n'étaient que trop fondées. Violenter des peuples autrefois forts et fiers, briser des États jusqu'alors florissants et respectables, c'était une *bagatelle* aux yeux de Bonaparte. L'Angleterre n'aurait plus à se mêler des affaires du continent. Il convoitait ouvertement l'Égypte, cette même Égypte que la Grande-Bretagne ne pouvait d'aucune façon laisser entre les mains de la France. Mais il allait plus loin : il voulait la dissolution de l'empire turc, et, plus encore, la domination du monde. Voilà des projets auxquels l'Angleterre devait s'opposer si elle désirait encore prétendre au nom de grande puissance, même si elle ne désirait que conserver son indépendance politique, son essor commercial et son superbe empire colonial[1].

Napoléon resta fidèle à son système : l'humiliation de l'Angleterre ou la guerre. Son message annuel au corps législatif, à l'occasion de l'ouverture de la session, parla cette fois (20 février 1803) de ce parti en Angleterre qui avait juré à la France une haine éternelle et qui influait bien malheureusement sur la politique britannique. Contre ces tendances, la République est forcée d'armer; cinq cent mille hommes sont prêts à la défendre et à la venger. « Quel que soit à Londres le succès de l'intrigue, elle n'entraînera point d'autres peuples dans des ligues nouvelles, et le gouvernement le dit avec un juste orgueil; seule, l'Angleterre ne saurait aujourd'hui lutter contre la France[2]. »

Un langage aussi étrange devait en réalité produire l'effet désiré, non pas en intimidant l'Angleterre, mais en la poussant vers la guerre. A cet égard, Napoléon est arrivé à ses fins : l'Angleterre paraissait être l'agresseur; ce qu'il souhaitait moins pour l'Europe que pour son propre peuple, qui chérissait la paix, et qu'il ne pouvait espérer entraîner dans une nouvelle lutte qu'en la lui montrant nécessaire, défensive[3]. « Le ton du premier consul,

1. C'est ce que reconnaît même Schlosser, si favorable d'ailleurs à Napoléon (t. VI, p. 55, 56, 63).

2. *Corresp.*, n° 6591 (t. VIII, p. 219).

3. « Quant à la France, j'ai besoin de lui prouver qu'on m'a fait la guerre, que je ne l'ai point provoquée, pour obtenir d'elle l'élan, l'enthousiasme, que je veux exciter contre vous, si vous m'amenez à combattre. » Paroles de Napoléon, d'après la version, répandue par lui-même, de son entretien avec Whitworth (Thiers, t. IV, p. 226).

— dit Macaulay, libéral et ami de la France, — était insupportable. Il devint de plus en plus évident qu'une guerre était imminente pour la dignité, l'indépendance, voire l'existence même de notre nation[1]. » Les menaces du premier consul et surtout son affirmation que l'Angleterre seule était impuissante contre la France révoltèrent chaque cœur britannique[2].

Le gouvernement anglais tira les conséquences de cette nouvelle situation. Sur son ordre, son commissaire à Malte, Ball, refusa au nouveau grand maître l'accès du palais de ses prédécesseurs à la Valette, de manière que Tomasi dut attendre à Messine, et il continua de fermer les fortifications aux troupes napolitaines, malgré les réclamations du général Vial[3]. Peu de semaines après le message du premier consul, la réponse arriva de Londres, sous la forme d'un message du roi Georges III à la Chambre des communes, du 8 mars 1803. Sa Majesté informa la Chambre que, des préparatifs militaires considérables se faisant dans les ports de France et de Hollande, elle a jugé convenable d'adopter de nouvelles mesures de précaution pour la sûreté de ses États. Quoique les préparatifs dont il s'agit aient pour but *apparent* des expéditions coloniales, comme il existe actuellement entre Sa Majesté et le gouvernement français des *discussions d'une grande importance, dont le résultat est incertain*, il faut prendre des mesures pour maintenir « l'honneur de la couronne et les intérêts essentiels du peuple[4]. »

La maladresse insigne dont le cabinet Addington fit preuve en toutes occasions se manifeste également dans la manière dont il prépara politiquement la guerre. Il fut facile au gouvernement français de constater que le message royal reposait sur une fausse assertion. Abstraction faite de quelques bâtiments destinés aux colonies, il n'y avait aucun armement dans les ports de France et de Hollande. Peu de jours après la présentation du message, un des lords de l'amirauté déclara au beau milieu des discussions parlementaires qu'on ne voyait dans ces ports que quelques misérables bateaux de pêche[5]. On avait encore une

1. *Biographical essays* (éd. 1860).
2. Thiers, t. IV, p. 231.
3. Thibeaudeau, t. III, p. 239.
4. *Annual Register for* 1803, p. 610.
5. *Ibid.*, p. 261. — Whitworth avoue également que, au milieu du mois de mars, les armements n'avaient pas encore commencé dans les ports français. Dépêche du 18 mars 1803 (Browning, p. 131).

fois, à Londres, su se mettre dans son tort en la forme là où pour les faits on avait pleinement raison.

Bonaparte, au contraire, s'efforçait non seulement d'attribuer aux Anglais le rôle d'agresseur, mais encore d'ajourner la déclaration de guerre[1]. Ses préparatifs militaires n'étaient pas terminés sur terre et n'étaient pas commencés sur mer. Les effectifs de l'armée étaient affaiblis par un grand nombre de congés accordés; la cavalerie manquait de chevaux, et l'artillerie était momentanément réduite à l'impuissance par l'introduction d'un nouveau système et la refonte de toutes les pièces[2]. Et puis, toutes ses villes commerçantes, pleines de confiance dans la durée de la paix, venaient d'expédier de riches chargements aux pays d'outre-mer, avec la participation des capitalistes les plus considérables de la France et principalement de Paris. On désirait que les navires ainsi chargés fussent rentrés d'abord, pour ne pas tomber entre les mains des Anglais[3]. Voilà les raisons pour lesquelles le premier consul montra une douceur et un esprit de conciliation inaccoutumés, du moins quant aux affaires de second ordre, depuis la fin de février 1803. L'Irlandais Goldsmith, directeur de ce même journal *l'Argus*, dont Bonaparte avait fait répandre aussi loin que possible les injures contre l'Angleterre, fut congédié et remplacé par un journaliste plus pacifique. Le bâtiment britannique *Nancy*, dont la mise en liberté avait été demandée en vain depuis bien des mois, fut rendu avec la plus grande partie de sa cargaison, et on promit également d'avoir égard aux autres réclamations du même genre[4]. Mais le premier consul n'en insista que d'autant plus sur l'évacuation de Malte, nécessitée non seulement par le traité d'Amiens, mais encore par l'honneur de la France. Ici, sans doute, il avait pour lui le droit formel. La nouvelle du message du monarque anglais mit brusquement un terme à ces actes secondaires de courtoisie. Le premier consul se croyait permis d'accuser à la face de l'Europe les gouvernements et les peuples étrangers;

1. Ceci fut constaté également par Schimmelpenninck, ministre batave à Paris, et fort avancé alors dans les grâces du premier consul (Malmesbury, t. IV, p. 242).
2. Bourrienne, *Mémoires* (Paris, 1829), t. V, p. 197.
3. Lefebvre, t. I, p. 270.
4. Dépêches de Whitworth des 28 févr. et 3 mars 1803 (Browning, p. 91, 96 et suiv.).

mais il lui paraissait insupportable qu'on lui rendît la pareille. Malgré les efforts de Talleyrand pour le tranquilliser, il éclata de colère. Il fit immédiatement transmettre à lord Whitworth une note, dans laquelle il infligeait un démenti aux assertions du message quant aux armements français, et où il ajoutait que, si l'Angleterre armait, il était *naturel* que 20,000 soldats français occupassent aussitôt la Hollande; *naturel* qu'ils établissent un camp sur la frontière du Hanovre; *naturel* que l'on créât d'autres camps pour l'invasion de l'Angleterre; *naturel* qu'il continuât d'occuper la Suisse; *naturel* qu'il fît occuper, par ses troupes, et fortifier la position de Tarente[1].

La manière dont Napoléon comprenait le droit international se montre en plein jour dans cette communication. Il lui paraît *naturel* que toute hostilité contre lui doive avoir pour conséquence de sa part des attentats contre des peuples qui n'y étaient nullement intéressés. L'indépendance des autres nations n'existait plus pour lui. Toutes, elles doivent lui obéir; toutes, le servir; toutes, se sacrifier pour lui; si elles s'y refusent, il les y force, les faibles par l'occupation, les forts par la guerre. Mais cette conduite despotique et brutale ne lui a pas été imposée par l'Angleterre; il l'avait déjà pratiquée auparavant dans les guerres d'Italie, dans la surprise de Malte, dans l'oppression de la Hollande, de la Suisse et de l'Italie même. Est-il juste de reprocher aux Anglais les mesures prises pour se défendre contre une telle politique?

Le premier consul se déchargea de sa colère dans la scène fameuse qu'il joua à l'ambassadeur britannique à la réception diplomatique du 13 mars, et où il s'écria : « Les Anglais ne respectent pas les traités; il faut désormais les couvrir de crêpe noir[2]. »

Il n'avait pas l'habitude des vaines menaces. Dès ce moment, il commença de grands armements, dans le double but de préparer une invasion de l'Angleterre et d'occuper le Hanovre, le golfe

1. Texte français de la communication du premier consul dans Browning, p. 114.

2. Dépêche de Whitworth du 14 mars 1803 (Browning, p. 115 et suiv.). — Ce rapport a été mis surtout à profit par Thiers, t. IV, p. 234 et suiv. — Après coup, Bonaparte a arrangé les faits artificiellement dans ses missives au général Andréossy, du 13, et au général Hédouville, du 16 mars 1803 (*Corresp.*, nos 6630, 6636), ainsi qu'à Bignon, à Berlin, également du 16 mars (Bailleu, t. II, p. 126).

de Tarente et le Portugal. Il empêcha le pape de vendre ses vastes forêts aux agents du gouvernement anglais[1]. Les premiers actes de Bonaparte avant le recommencement de la guerre furent donc des actes de violence contre les faibles.

Il envoya Duroc à Berlin afin d'obtenir l'assentiment du roi de Prusse pour l'occupation du Hanovre. Le colonel Colbert se rendit à Saint-Pétersbourg pour convaincre le tsar de la justice de la cause du premier consul[2].

La Prusse fut assez faible pour admettre que les drapeaux français fussent déployés au milieu de l'Allemagne du Nord, faiblesse que plus tard elle a dû payer bien cher[3]. Le gouvernement russe fut plus perspicace. Il comprit que Bonaparte avait causé les inquiétudes de l'Angleterre, et, conséquemment, la violation formelle du traité d'Amiens par ses provocations réitérées, par les coups portés à la liberté de tant de peuples occidentaux et par ses intrigues en Orient. Ce fut la Russie qui, la première, se déclara prête à agir d'accord avec la Grande-Bretagne (mars 1803)[4]. Les dissensions sorties du traité d'Amiens ont changé en antipathie l'enthousiasme juvénile d'Alexandre Ier pour Bonaparte; nous sommes d'avis que c'est là un argument considérable en faveur de la conclusion que le véritable agresseur, celui qui troubla la paix, ce fut Napoléon.

Voici, en ce moment, le point cardinal des négociations entre la France et l'Angleterre, négociations qui devaient décider de la paix ou de la guerre : la Grande-Bretagne prétendait que les agissements du premier consul depuis la signature de la paix lui donnaient droit à une compensation, et que les vues manifestées par lui sur l'Égypte lui imposaient même le devoir de garder Malte. La France répliqua que l'abandon de Malte à l'Angleterre serait contraire à son honneur et qu'elle aimerait mieux faire la guerre; mais qu'elle était prête à donner toutes les

1. Thiers, t. IV, p. 238.
2. *Corresp.*, nos 6624, 6625, 6626, 6629.
3. Documents relatifs à cette négociation, dans Bailleu, t. II, p. 127 et suiv.
4. Ulmann, p. 55. — Voy. la dépêche du chancelier russe à Marcoff du 10 janv. 1803 : « L'on doit supposer que de semblables discours [les propositions du premier consul quant à un partage commun de la Turquie] seront aussi parvenus à d'autres cours; car l'idée de la dissolution peu éloignée du gouvernement turc et des événements qui doivent la précéder et s'en suivre est généralement répandue en Europe, et *c'est à cela qu'il faut attribuer en grande partie que l'Angleterre ne désarme pas encore.* »

garanties désirables pour la sûreté de l'Égypte[1]. La position du gouvernement britannique empira entre temps par les deux faits que la lutte à coups d'articles de journaux, que Paris lui avait faite jusqu'alors, cessa subitement, et que la dernière des puissances mentionnées dans le Xe article d'Amiens, la Prusse, accorda sa garantie de l'indépendance maltaise sous les mêmes conditions que la Russie.

Le cabinet Addington se trouva fort embarrassé. Il dut reconnaître que l'évacuation de Malte était pour les Français une affaire d'honneur, pour l'Angleterre seulement une question de puissance. Le traité de 1802 exigeait sans doute la remise de l'île à l'ordre de Saint-Jean, et la plupart des conditions préalables que le traité avait établies étaient remplies. Si pourtant les Anglais retenaient Malte, ils encouraient, devant le monde entier, le reproche d'avoir violé les traités. D'autre part, on était convaincu à Londres que le premier consul, après avoir considérablement étendu la puissance de la France, sans égard aux conventions les plus solennelles, nourrissait de nouveaux projets ambitieux et violents pour l'avenir; que, malgré ses démentis et ses promesses, il avait la ferme intention de s'emparer spécialement de l'Égypte, — comme, d'ailleurs, il l'avait annoncé à différentes reprises, — c'est-à-dire de l'indispensable base d'opérations contre l'Inde orientale, et que, pour se frayer un chemin vers l'Égypte, il se débarrasserait, le moment venu, sans scrupule et très rapidement, de ce semblant d'ordre de Saint-Jean, ainsi que des misérables troupes napolitaines. L'Angleterre tenait donc à occuper une position qui fermait aux Français le chemin de l'Égypte. Mais, pour les raisons que nous venons d'indiquer, elle ne pouvait placer la question de la guerre sur le terrain de Malte[2]. Convaincue, avec raison, que le premier consul était décidé à recommencer la guerre et qu'il cherchait seulement à l'ajourner pour terminer ses préparatifs et pour laisser rentrer les flottilles de commerce françaises et hollandaises qui se trouvaient alors en pleine mer, elle était résolue à ne plus se laisser entraîner à de longues négociations.

Puisque le gouvernement français évitait d'entrer dans la dis-

1. Dépêches de Whitworth des 17, 18 mars 1803.

2. Dans leurs parties essentielles, ces réflexions sont contenues dans le mémoire adressé, le 19 août 1803, par Castlereagh à Hawkesbury, et relatif à la médiation russe (*Letters and despatches*, t. X, p. 75 et suiv.).

cussion des nombreuses réclamations élevées par l'Angleterre au sujet des violences commises depuis la conclusion de la paix et se contentait de demander péremptoirement la reddition de Malte, puisqu'il continuait de refuser toute satisfaction, toute explication à l'Angleterre, celle-ci, pensait lord Hawkesbury, allait se trouver dans la nécessité de rompre avec lui toute relation. Cependant, avant d'en arriver à cette extrémité, il fit la proposition que voici : la France laisse Malte à Sa Majesté britannique comme propriété perpétuelle et évacue la Hollande et la Suisse; en revanche, l'Angleterre reconnaît les républiques italienne et ligurienne et le roi d'Étrurie, ainsi que l'annexion d'Elbe à la France[1]. C'était la pacification sur la base des *compensations*, point de départ dont on ne saurait méconnaître la légitimité, sinon dans la forme, au moins d'après les faits. Ce principe possédait également une grande valeur pour l'avenir, parce qu'il devait empêcher le premier consul d'entreprendre de nouvelles conquêtes dont il aurait toujours été obligé de donner un équivalent à l'Angleterre.

Mais Napoléon était bien éloigné d'accepter ce point de vue. Résolu à rompre, il appliqua le système qu'il devait reprendre plus tard, en 1811. A cette époque, il était décidé à faire la guerre avec la Russie; mais il désirait l'ajourner jusqu'au mois de juin de l'année suivante, afin de pouvoir achever ses armements colossaux et encore pour quelques autres motifs. « Tous ses efforts d'ici là ne tendront plus qu'à gagner du temps. Mettant une sourdine à sa colère, il va exprimer de nouveau et sans relâche à la Russie le désir de traiter, bien certain qu'on ne le prendra pas au mot et qu'il peut impunément multiplier ses invites. Sous le couvert de ces démonstrations pacifiques, il poussera au fond ses armements et ses levées[2]. »

C'est exactement la même marche qu'il suivit au printemps de 1803. Reconnaissant en principe le bien-fondé des prétentions britanniques quant à une compensation, il fit au gouvernement anglais, par l'intermédiaire de son frère Joseph et de Talleyrand, des propositions qui ne l'auraient pas lié lui-même plus tard. Pourquoi, au lieu de Malte, l'Angleterre ne prendrait-elle pas

1. Instruction à Whitworth du 4, et note de Hawkesbury à Andréossy du 3 avril 1803 (Browning, p. 148 et suiv.).

2. Alb. Vandal, *Napoléon et Alexandre Ier*, t. III (2e éd., Paris, 1896), p. 223.

Corfou ou la Crète, ou Lampedouse, rocher d'une superficie de vingt kilomètres carrés, appartenant au roi de Naples et situé à l'est de la côte tunisienne[1] ?

Combien peu le premier consul songeait réellement à conserver la paix, ceci est prouvé par le fait qu'à ce moment même Reinhardt, ministre de France à Hambourg, dut forcer le sénat de cette ville à publier contre l'Angleterre, dans le *Journal officiel*, un libelle qui lui avait été envoyé par Bonaparte et dont le style en trahit l'auteur à chaque mot. Il va sans dire qu'ensuite, et pour sauver les formes, le malheureux agent fut désavoué.

Avec raison, le gouvernement anglais ne se prêta pas à un jeu aussi équivoque. Il répondit que, si la France ne voulait accepter la proposition qu'on venait de lui faire, elle devrait concéder à l'Angleterre ou le droit d'occupation militaire perpétuelle de Malte, dont l'administration civile serait alors rendue à l'ordre, ou la possession de Malte pour dix ans avec l'île de Lampedouse et avec l'évacuation de la Suisse et de la Hollande par les Français. Au cas où aucune de ces propositions ne serait acceptée, Whitworth reçut l'ordre de quitter Paris (13 et 23 avril 1803)[2].

C'était un *ultimatum* oral. Le gouvernement français eut une semaine, jusqu'au 3 mai, pour y répondre.

Situation fort gênante pour le premier consul qui, avant tout, désirait gagner du temps. Un jour s'écoula après l'autre sans que lord Whitworth reçût la réponse anxieusement attendue. Le 1er mai seulement, Bonaparte ordonna à Talleyrand de ne pas accepter d'*ultimatum* formel de la part de l'ambassadeur britannique, mais de l'amener par des assurances conciliantes à continuer les négociations[3].

Whitworth venait de demander ses passeports, lorsqu'il reçut de Talleyrand une réponse dilatoire, qui attribuait la cession provisoire ou perpétuelle de Malte aux gouvernements de Hollande et des quatre puissances garantes, sans l'approbation desquelles un tel changement du traité d'Amiens était, disait-on, impossible. Comme si ces États avaient eu le moindre intérêt au sort futur de Malte ! L'ambassadeur ne prêta pas les mains à

1. Dépêche de Whitworth du 11 avril 1803 (Browning, p. 167 et suiv.).
2. Ibid., p. 170 et suiv., 182.
3. *Corresp.*, n° 6720.

cette manœuvre qui aurait uniquement servi les aspirations secrètes du premier consul, sans ménager aucune chance de faire accepter les propositions britanniques. Mais au lieu des passeports qu'il réclamait de nouveau, il reçut, le 4 mai, une nouvelle offre : puisque l'Angleterre demandait Malte surtout parce qu'une garnison napolitaine ne lui donnait pas une garantie suffisante de l'indépendance de cette île, on pourrait faire occuper les fortifications par les troupes d'une des trois puissances garantes, la Prusse, l'Autriche ou la Russie. Il va sans dire que ce dernier État seul pouvait sérieusement être pris en considération, l'Autriche et la Prusse étant alors tout à fait sous la dépendance de Bonaparte[1].

Cette proposition ne tendait évidemment qu'à tirer l'affaire en longueur, et la Russie était choisie avec intention, parce que des négociations avec une puissance tellement éloignée devaient demander le plus de temps. Car, comme l'Angleterre attachait une importance capitale à la possession de Malte, elle ne pouvait sérieusement l'abandonner à un État dont la politique future n'offrait pas la moindre garantie quant à ses relations avec la France et avec la Grande-Bretagne. A un moment donné, le tsar ne pourrait-il pas avoir, avec la première de ces puissances, des rapports tellement amicaux qu'il lui livrerait Malte sans hésitation? Lord Hawkesbury repoussa donc la proposition française en se basant sur le fait que, selon des avis authentiques, le tsar refusait absolument d'occuper Malte. Le secrétaire des affaires étrangères insista sur la cession de Lampedouse pour toujours et sur celle de Malte pour dix ans, en concédant seulement que cette dernière condition fût reléguée dans un article secret[2].

Il est vrai que le cabinet britannique eut une nouvelle mortification; peu de jours après cette décision, on reçut à Paris l'annonce officielle de Saint-Pétersbourg que le tsar était prêt à prendre en main la médiation entre la France et l'Angleterre[3]. Mais une telle offre ne contenait pas encore l'acceptation de l'occupation de Malte par des troupes moscovites[4].

1. Les documents en question se trouvent dans Browning, p. 213 et suiv., et dans la *Corresp.*, n° 6728.

2. Hawkesbury à Whitworth, 7 mai 1803 (Browning, p. 224 et suiv.).

3. *Corresp.*, n° 6739. — Bignon, t. III, p. 69.

4. Déclaration de Hawkesbury à la Chambre des communes du 27 mai 1803 (*Annual Register for* 1803, p. 158).

Au dernier moment, lorsque Whitworth eut demandé ses passeports pour la troisième fois, une nouvelle offre de conciliation lui arriva de la part de Bonaparte. Celui-ci trouvait subitement que son honneur permettait la cession de Malte à l'Angleterre pour dix ans; en revanche, la France pourrait occuper de nouveau, pour le même espace de temps, les positions de Tarente et d'Otrante possédées déjà par elle durant les dernières guerres[1]. Whitworth n'accepta pas cette proposition. Nous savons que le gouvernement britannique ne pouvait baser sa politique sur l'unique possession de Malte; il avait toujours eu soin d'ajouter à ses propositions des articles relatifs aux affaires d'Italie, de Suisse et de Hollande. En ce moment même, la Prusse l'exhortant d'évacuer Malte, il lui répondit que les véritables causes des dissentiments entre l'Angleterre et la France n'étaient pas contenues dans les négociations relatives à cette île[2]. Il ne pouvait donc nullement, à cause de Malte, oublier en ce moment les intérêts généraux de l'Europe et encore moins priver le roi de Naples d'une partie militairement importante de ses États. Le cabinet de Londres savait pertinemment que, la guerre recommençant, le premier consul s'empresserait d'occuper Otrante et Tarente. Mais si l'Angleterre voulait éviter de paraître manquer de sincérité et de principes, elle devait éviter de reconnaître, de provoquer même un de ces actes de violence qu'elle avait toujours blâmés de la part de Bonaparte et pour lesquels elle prétendait actuellement reprendre les armes. « Ni l'Angleterre ni la France, » déclaraient pompeusement les ministres britanniques, « n'ont le droit de disposer d'une ville ou d'un port appartenant à un souverain indépendant; Sa Majesté ne participera jamais ni d'aucune manière à quelque système que ce soit de spoliation[3]. »

Le 12 mai donc, dans la soirée, Whitworth quitta Paris; quelques jours plus tard, Andréossy partit également de Londres, et, le 16 mai, Georges III envoya au parlement un message équivalent à une déclaration de guerre. Ainsi s'ouvrit une lutte formidable, destinée à embraser l'Europe entière, de Lisbonne jusqu'à Moscou et des montagnes neigeuses de la Scandinavie

1. *Corresp.*, n° 6741.
2. P. Bailleu, *Preussen und Frankreich*, 1795-1807, t. II (Leipzig, 1887), p. xxx, xxxi, 141.
3. Déclaration du 16 mai 1803 (Malmesbury, t. IV, p. 252).

jusqu'à la pointe méridionale de l'Italie, à bouleverser tous les États et toutes les nations, mais à finir, malgré les victoires inouïes des armées françaises, par amener les baïonnettes des troupes anglaises et alliées jusque dans ce faubourg Saint-Antoine que Napoléon avait déclaré avec emphase aussi intangible que l'îlot de Malte.

Pour le moment, l'Angleterre semblait être l'agresseur. « Il sera difficile, — écrivit quelques mois plus tard Castlereagh à Hawkesbury, son ami politique, — de persuader le monde que nous ne combattions pas exclusivement pour Malte[1]. » Même George Pellew, biographe d'Addington et qui cherche toujours à le disculper, reconnaît que le premier consul n'avait pas violé la lettre du traité d'Amiens; il n'aurait fait que renverser, de fait, l'équilibre, pour le rétablissement et la conservation duquel la paix avait été conclue[2]. Encore au congrès de Vienne, en 1814, le tsar Alexandre a rappelé aux Anglais qu'il y avait des exemples qu'un État, lorsque les circonstances venaient à changer, avait osé déclarer sans valeur des traités solennels, comme l'Angleterre après la paix d'Amiens[3].

Mais ce rôle d'agresseur n'était qu'apparent de la part de la Grande-Bretagne; il lui était échu seulement par la maladresse et la faiblesse extraordinaires du cabinet Addington. Celui qui réellement a rouvert l'ère des combats universels fut Napoléon Bonaparte[4].

Immédiatement après la signature de la paix d'Amiens, il avait dit au Conseil d'État : « Un gouvernement nouveau-né comme le nôtre a besoin, pour se consolider, d'éblouir et d'étonner. D'ailleurs, mon principe est que la guerre vaut mieux qu'une paix éphémère; nous verrons ce que sera celle-ci. Elle est, dans ce moment, d'un grand prix : elle met le sceau à la reconnaissance de mon gouvernement par celui qui lui a résisté le plus

1. *Letters and despatches*, t. V, p. 77.
2. *The life of Visc. Sidmouth*, t. II, p. 150.
3. Théod. von Bernhardi, *Geschichte Russlands und der europæischen Politik*, t. I (Leipzig, 1863), p. 88.
4. On ne saurait être plus fortement entraîné par le désir instinctif de *dire du nouveau* que M. Roloff. Dans son *Napoleon I* (Berlin, 1900, p. 93), il n'attribue pas seulement la cause du conflit à la lutte inévitable des deux puissances pour la Méditerranée; il ajoute encore que « la politique anglaise, à cette époque, était beaucoup plus offensive que celle de Napoléon. » Rarement, la vérité a été plus complètement travestie.

longtemps; voilà le plus important. Le reste, c'est-à-dire l'avenir, selon les circonstances[1]. » Nous voyons que le traité d'Amiens, d'après lui, ne devait subsister qu'autant qu'il ne l'empêcherait pas d'éblouir et d'étonner, c'est-à-dire d'effrayer l'Europe par de nouveaux actes de violence, et d'agrandir et d'enchanter la France, — non pas à cause de la France, mais à cause de lui-même, — pour consolider son gouvernement *nouveau-né*. La même pensée qu'au fond la guerre lui était plus utile que la paix, il l'énonça à un conseiller d'État dans le même été de 1802 : « Soyez persuadé qu'un premier consul ne ressemble en rien à ces rois de droit divin qui considèrent leurs États comme leurs patrimoines. Ils profitent de la tradition, tandis qu'elle est pour nous un obstacle. Haï de ses voisins, forcé à la fois à contenir les diverses classes de malveillants à l'intérieur et à imposer à tant d'ennemis extérieurs, *l'État français a besoin de faits brillants et par conséquent de la guerre.* Il doit être le premier de tous les États ou périr. Dans notre situation, je ne considère toute conclusion d'une paix que comme une courte trêve et me crois, pendant la durée de mes fonctions, destiné à combattre presque sans interruption[2]. » La guerre était, pour Napoléon, l'état normal et le plus avantageux pour sa position. Il ne concevait la paix qu'autant que tout autre pays se considérait comme plus faible et se conduisait en allié empressé et déférent[3].

Ces principes, il les a appliqués à l'Angleterre après la paix d'Amiens : il la traitait, non pas en égale, mais en pays humilié et forcé à la soumission par l'épuisement. Aussi loin que s'étendait son pouvoir, il combattait le commerce de la Grande-Bretagne, le principe vital de son existence; il en confisquait les navires et la propriété privée en France et dans les pays vassaux; il continuait les attaques violentes contre la liberté de la presse anglaise et contre l'hospitalité, traditionnelle parmi cette nation, en faveur des réfugiés politiques. Il se plaisait en annexions et en usurpations toujours nouvelles, qui étaient en contradiction complète avec les traités formant la base du traité d'Amiens et qui bouleversaient entièrement la situation politique de l'Europe

1. Guillois, *Napoléon. L'homme, la politique, l'orateur* (Paris, 1889), t. II, p. 86.
2. Aug. Fournier, *Napoleon I* (Leipzig et Prague, 1888), t. II, p. 7 et suiv.
3. Cf. Vandal, t. III, p. 311.

à l'avantage exclusif du premier consul; il ne réalisait point l'indemnité pécuniaire promise par le traité d'Amiens à la maison de Nassau-Orange; il écartait avec mépris les réclamations bien fondées de l'Angleterre et lui refusait le droit de faire valoir ses propres intérêts dans l'arrangement des affaires européennes, droit qui appartenait à tout État indépendant et particulièrement à toute grande puissance. Cette dernière prétention eut un effet d'autant plus irritant que Bonaparte annonçait son intention de bouleverser l'Europe et de renouveler la domination universelle de l'ancienne Rome, et qu'il désignait surtout comme son domaine naturel l'Orient et l'Égypte, en menaçant ainsi directement la partie la plus précieuse des colonies britanniques. Un tel traitement ne pouvait être supporté que par des pays petits et sans défense, tels que la Hollande, la Suisse et l'État pontifical, ou vaincus par les armes, tels que l'Autriche, ou enfin gouvernés par des hommes peureux, tels que la Prusse. On sait, d'ailleurs, combien la déférence de ce dernier État pour l'ambition et la superbe de Napoléon lui a peu servi! Même la Russie, si éloignée alors de l'influence française et dirigée par un tsar pacifique et humanitaire, se révolta contre un tel système. La Grande-Bretagne, persiflée, repoussée, violée brutalement dans tous ses intérêts, pouvait encore moins s'y soumettre. Ce ne fut pas le fougueux Pitt qui recommença la guerre, mais le cabinet Addington, irrésolu et pacifique, voyant dans la guerre la fin de son existence, à peine tolérée durant la paix : preuve la plus concluante qu'il a été forcé de faire la guerre[1]. Il était impossible à l'Angleterre d'attendre jusqu'à ce que Bonaparte eût terminé ses préparatifs diplomatiques et militaires pour être alors obligée à se soumettre ou à périr. Les Français eux-mêmes, du moins autant qu'ils prenaient part à la politique, ne s'y trompaient pas. « Les classes les mieux instruites des Français, » écrivait le 13 mai 1803, de Paris, le marquis Lucchesini, ministre de cette Prusse si dévouée alors à Bonaparte, « croient apercevoir l'origine de la guerre dont ils sont menacés aujourd'hui moins dans les véritables intérêts de la France que dans de trop vastes projets de domination du premier consul. » Et Lucchesini ajoute : « Le général Bonaparte a provoqué la guerre le jour où il a prétendu

1. C'est ce que Schlosser aussi explique à différentes reprises (t. V, p. 151; t. VI, p. 47, 55, 56).

exclure l'Angleterre des affaires du continent[1]. » L'amour de la paix, prétexté par le premier consul, calculé seulement pour faire paraître les Anglais comme agresseurs et pour gagner le temps nécessaire à l'achèvement de ses préparatifs et à la sécurité de ses navires de commerce, ne saurait ébranler notre opinion sur ce point. Rien ne caractérise mieux son hypocrisie politique que la déclaration qu'il fit transmettre à la Russie en août 1803. Lui qui plusieurs fois avait exprimé son assentiment à l'échange de Malte contre Lampedouse, risque alors l'assertion que voici : « Il n'y a aucune différence pour nous entre Lampedouse et Malte ; si les Anglais doivent avoir Lampedouse, autant vaut-il leur laisser Malte. » Lui qui annexe sans scrupule la moitié de l'Europe, directement ou indirectement, qui trouve tout naturel d'occuper les États neutres pendant une guerre, entièrement ou en partie, se montre fort irrité des dangers dont la cession d'un misérable îlot sur la côte africaine menacerait « l'indépendance » de la Sicile, de Naples, de l'Italie. Lui, le dominateur de l'Italie, de la Suisse, de la Hollande, de l'Espagne et du Portugal, s'écrie, plein d'un courroux vertueux : « De toutes les transactions honteuses que la force des événements peut obliger un peuple à signer, il n'en est aucune semblable à la honte de promettre son influence pour dépouiller un petit prince d'une position importante. » Lui qui avait distribué l'Allemagne comme un bien sans maître, accuse l'Angleterre « d'avoir violé l'indépendance germanique. » Il est vrai que confidentiellement il parle à son ministre de ces déclarations pompeuses avec mépris, comme « des lieux communs de notre cause[2]. » Après de tels échantillons de sa sincérité, nous ne saurions plus attribuer de valeur à ses déclarations de principes jusques et y comprises celles de Sainte-Hélène. Car il est resté le même pendant toute sa carrière. Après Austerlitz, en ouvrant la session du corps législatif, le 5 mars 1806, il promit solennellement au peuple français, anxieux de jouir enfin de la paix, que l'ère de la guerre allait bientôt se fermer et que désormais il ne chercherait plus d'autre gloire que celle des travaux pacifiques. Immédiatement après, il inaugura la série des mesures destinées à pousser la Prusse à la guerre. Lorsqu'il eut imposé à l'Espagne une lutte à mort par les criminels attentats

1. Bailleu, t. II, p. 138, note, 141.
2. Bonaparte à Talleyrand, 23 août 1803 (*Corresp.*, n°s 7032-7035).

de Bayonne, il parla « des sacrifices nécessaires que la France devait faire dans l'intérêt de la paix universelle, pour le bonheur des Français et pour la sécurité de leurs enfants[1]. » On a récemment prétendu que toutes les violences et toutes les usurpations de Napoléon n'aient eu d'autre cause que la nécessité de réunir, de gré ou de force, le continent européen pour la lutte contre l'Angleterre. Mais peut-on oublier les mauvais traitements infligés en 1805 et en 1806 à la Prusse, pourtant si humble et si déférente, l'annexion arbitraire de pays qui dépendaient déjà entièrement de Bonaparte et qui étaient occupés par ses troupes et par ses douaniers, tels que la Hollande et les districts allemands de la mer du Nord, l'incorporation des provinces septentrionales d'Espagne, par laquelle il a rendu impossible la domination de son propre frère dans la péninsule ibérique[2]? En 1803, l'Europe entière était tellement intimidée par les victoires brillantes et décisives qu'avait remportées le génie de Napoléon, qu'elle aurait salué avec transport un peu de modération et de sagesse et en aurait été fort reconnaissante à la France, surtout si celle-ci avait pris sur elle de défendre vigoureusement la liberté des mers et les droits des neutres dans les guerres maritimes. Une alliance des neutres aurait de nouveau uni tout le continent contre les prétentions injustes de l'Angleterre.

Mais les seuls moyens de Napoléon étaient les menaces et la violence[3]. Il était « dominé et aveuglé par la conviction que sa volonté devait être tenue en tout lieu pour loi de l'univers[4]. » Ces mêmes États qu'il contraint à combattre avec lui la supériorité commerciale de l'Angleterre, au lieu de les dédommager de leur servitude et de leurs sacrifices immenses en formant une grande ligue commerciale et industrielle du continent européen, il les exploite encore cruellement en faveur de l'industrie française. La Prusse et la Russie reçoivent de lui des ordres péremptoires, sous peine d'hostilités immédiates, au sujet des mesures à prendre contre le commerce britannique, aussi bien que les préfets français. L'empereur impose, en outre, au duc indépendant

1. Lanfrey, t. IV, p. 398.
2. Cette faute grave est reconnue et blâmée par Bignon lui-même (t. IX, p. 266 et suiv.).
3. « Montrer la pointe de son épée était invariablement son dernier argument » (Lavisse et Rambaud, t. IX, p. 67).
4. Vandal, t. II, p. 529.

de Mecklembourg une levée de 600 bons matelots, — sinon, l'annexion[1]. Voilà la manière d'agir qui caractérise l'empereur Napoléon.

Les traités et même les alliances n'ont pour lui de signification qu'autant qu'ils servent son ambition; aussitôt qu'il les croit gênants, ils n'existent plus pour lui[2]. Ainsi faisait-il dès l'origine de sa carrière politique. N'avait-il pas, jeune général, conclu un traité de paix avec la Sardaigne pour le violer ensuite, un autre traité avec la Toscane pour le rompre aussitôt, un armistice avec Modène et les autres petits États de l'Italie qui fut ensuite annulé? N'avait-il pas pillé Venise et forcé cette république à une paix humiliante pour la livrer pieds et poings liés à l'Autriche? Sa conduite envers les Suisses et les Hollandais n'était pas plus sincère. Ses propres créatures avaient pour lui la seule valeur de répondre aux exigences momentanées de sa politique; quand celle-ci changeait, il renversait tout. C'est ainsi qu'il traita les États d'Italie, ses vassaux, les États d'Allemagne et l'Espagne. Combien de changements le royaume de Westphalie ne dut-il pas subir selon les caprices de sa politique! Tantôt il ôte des provinces aux États dépendants, tantôt il en ajoute; un même pays est tantôt une république, tantôt une monarchie, tantôt un département français. Cette variabilité et cette incertitude perpétuelles sont conformes à ses intentions, car il veut toujours être le maître dont la volonté despotique est toute-puissante. Le paradoxe et l'impossible sont pour lui d'un attrait irrésistible, car en les réalisant, il se donne de nouveau le lustre de l'incomparable et du merveilleux.

Comme il l'avait annoncé à Otto par ses instructions du 1er brumaire de l'an XI, il voulait être le maître de l'Europe, du monde entier, et cela dès les débuts de sa domination en France. Une brochure officieuse, écrite par Hauterive, confident de Talleyrand, proclama, dès l'an 1801, que la France était appelée, par ses victoires, par sa force et par ses principes, à devenir la puissance dirigeante d'une ligue universelle des nations d'Europe. Napoléon lui-même s'exprima d'une manière bien plus précise sur ce sujet, deux ans plus tard, dans un cercle de fidèles : La

1. Cf. Margueron, *Campagne de Russie*, t. I (Paris, 1897), p. 194 et suiv.; t. II (1898), p. 112 et suiv.
2. Vandal, t. II, p. 277, 278.

tranquillité ne naîtra en Europe que lorsque celle-ci obéira à un chef unique, à un *empereur*, qui comptera des rois parmi ses lieutenants, qui attribuera des royaumes à ses généraux, en nommant l'un roi d'Italie, un autre roi de Bavière, en faisant celui-ci *landamman* de Suisse, celui-là *stathouder* héréditaire de Hollande[1]. » Voilà les projets qui occupaient son esprit à l'époque de la rupture de la paix d'Amiens. Qu'on dise encore, après cela, qu'il n'a entrepris la conquête de l'Europe que forcé par l'Angleterre et par ses alliés, qu'il avait seulement repris le conflit séculaire et historiquement nécessaire entre la France et la Grande-Bretagne! Comme s'il dressait ses plans dans l'intérêt de la France! Il ne songeait qu'à sa propre grandeur et qu'à sa propre puissance. Il voulait être l'empereur universel, avec des rois comme fonctionnaires. Même Bignon, son panégyriste enthousiaste et systématique, finit par avouer que Napoléon tendait violemment vers la monarchie universelle[2].

Son esprit volcanique fait de toute entreprise nouvelle la base d'une entreprise future, plus grande, plus vaste, qu'il réalise entièrement ou en partie, selon la situation des affaires. Son imagination, d'une fécondité sans bornes, lui crée incessamment une théorie pour ses plans ambitieux, avec des phrases belles et grandioses par lesquelles il s'enivre lui-même, si bien qu'il tient cette théorie pour réalité, pour une révélation de la Providence. Ses victoires continuelles finissent par le persuader que rien ne lui est impossible et le mettent, dans sa propre conscience, bien au-dessus de tout ce qui est humainement faisable et imaginable. Il faut que la nature lui obéisse comme les hommes. « Je trouverai en Espagne les colonnes d'Hercule, mais non des limites à mon pouvoir, » écrit-il à son frère Joseph le 31 août 1808[3]. Décidément, à cette époque, il ne se contente plus de l'Europe, il veut, avec l'aide de la Russie ou après l'avoir subjuguée, pénétrer jusqu'à l'Inde par les pays du Caucase et par la Perse, et détruire la puissance anglaise en Asie en conquérant cette partie du monde[4]. Il se décide à faire la guerre à la Russie, afin de n'avoir

1. Fournier, t. I, p. 213; t. II, p. 9.

2. T. IX, p. 359 et suiv. — M. Roloff se voit lui-même obligé de le reconnaître (*Napoleon I*, p. 152) : « Comme dans son système politique, nous trouvons dans son système économique le mépris des sentiments nationaux et la confiance de pouvoir les maîtriser par sa supériorité militaire. »

3. Léon Lecestre, *Lettres inédites de Napoléon Ier* (Paris, 1897), t. I, p. 226.

4. Il expose cette idée au comte de Narbonne, sérieusement et avec tous les

plus de rival et de fonder la domination universelle sur les débris du dernier État encore indépendant[1]. Déjà, à Tilsit, son intention n'était nullement de partager la puissance avec Alexandre Ier; il n'avait considéré le pacte conclu alors avec le tsar que comme une étape de sa marche vers la monarchie universelle. Il ne s'était pas retiré de la Turquie et n'avait pas rompu ses relations avec la Perse. En fondant le grand-duché de Varsovie et en le livrant à un prince de la Confédération du Rhin, il entama profondément la sphère des intérêts russes et poussa ses troupes jusqu'à la frontière la plus vulnérable de l'empire des tsars. Il soumit cet État à l'industrie française et à ses lois commerciales. Forcé d'être encore à deux, il prépara dès lors toutes les choses pour se débarrasser de son compagnon aussitôt que possible[2]. Comme ceux qui étaient dans sa confiance, — les Champagny, les Maret, — l'annonçaient officiellement, il se croyait le successeur, non seulement de Charlemagne, mais encore des Césars romains, qui avaient régné plus loin que sur l'Occident, qui avaient dominé le monde. Voilà « le nouveau système introduit dans le monde[3]. » Et cet aveuglement lui resta jusque dans l'époque de ses malheurs. « La Hollande, » écrivait-il à sa mère, encore le 6 novembre 1813, — au moment où Bulow était sur le point de conquérir ce pays, ce qu'il termina en deux semaines, — « la Hollande est française; elle l'est pour toujours; la loi de l'État, — qu'il avait faite lui-même, — l'a constituée ainsi; il n'est aucun effort humain qui puisse l'ôter à la France[4]. »

C'est ainsi que pensait Napoléon comme premier consul et comme empereur. L'histoire de la paix d'Amiens et de sa rupture en donne des exemples frappants.

détails, au printemps 1812. — Vandal, t. III, p. 344, mentionne ce fait, avec nombre de témoignages semblables.

1. Ibid., t. II, p. 425-436.

2. Paroles du ministre autrichien Cobenzl (Fournier, t. II, p. 146 et suiv.). — L'opinion publique en Russie ne se trompa point sur le rôle de satellite que Napoléon fit jouer au tsar par le traité de Tilsitt (Bernhardi, t. II, part. II, p. 559 et suiv.).

3. Napoléon à Champagny, 22 janv. 1811 (Marguerон, t. I, p. 21-22).

4. Lecestre, t. II, p. 294.

Nogent-le-Rotrou, imprimerie Daupeley-Gouverneur.

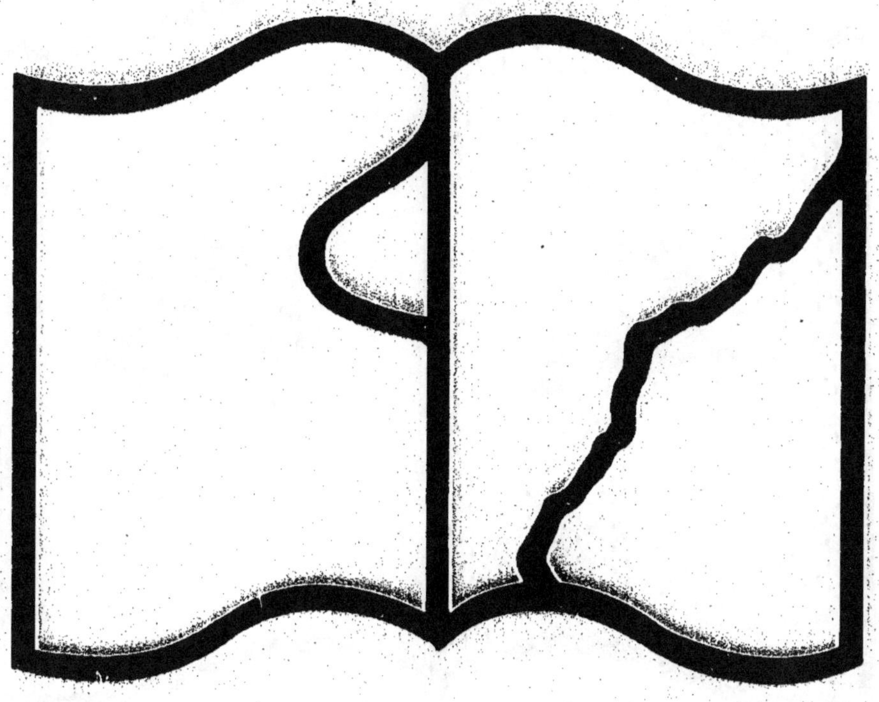

Texte détérioré — reliure défectueuse

NF Z 43-120-11

A
B

www.ingramcontent.com/pod-product-compliance
Lightning Source LLC
LaVergne TN
LVHW010039230826
846091LV00005B/1772

* 9 7 8 2 0 1 3 3 7 5 5 0 4 *